RIGOBERTA MENCHÚ

RIGOBERTA MENCHÚ

DAVID DE FRUTOS SÁNCHEZ

Copyright © EDIMAT LIBROS, S. A.
C/ Primavera, 35
Polígono Industrial El Malvar
28500 Arganda del Rey
MADRID-ESPAÑA
www.edimat.es

Reservados todos los derechos. El contenido de esta obra está protegido por la Ley, que establece penas de prisión y/o multas, además de las correspondientes indemnizaciones por daños y perjuicios, para quienes reprodujeren, plagiaren, distribuyeren o comunicaren públicamente, en todo o en parte, una obra literaria, artística o científica, o su transformación, interpretación o ejecución artística fijada en cualquier tipo de soporte o comunicada a través de cualquier medio, sin la preceptiva autorización.

ISBN: 84-9764-752-1
Depósito legal: M-28509-2005

Colección: Mujeres en la historia
Título: Rigoberta Menchú
Autor: David de Frutos Sánchez
Coordinador general: Felipe Sen
Coordinador de colección: Mar de Ventura Fernández
Diseño de cubierta: Juan Manuel Domínguez
Impreso en: COFÁS

IMPRESO EN ESPAÑA – *PRINTED IN SPAIN*

Para Myriam y Patricia, por llevarme allí (Venezuela, Guinea y Mozambique), y para el resto de amigos de las escaleras, porque entre todos, desde aquí, me habéis hecho creer que otro mundo es posible.

Para Álex, por México lindo y por haber podido cruzar fronteras a tu lado, aunque nos hayan obligado a pasar por puertas diferentes.

Para Selene, porque con el recuerdo de tu mirada de princesa inca me llevas cada día a Cuzco, la Tierra del Sol.

Pasamos por el tiempo muy rápido. Nada es **totalmente** *nuestro, pero todo nos pertenece.*

Rigoberta Menchú

Cuando tengas que elegir entre dos caminos, **pregúntate** *cuál de ellos tiene corazón. Quien elige el camino del corazón, no se equivoca nunca.*

Popol Vuh
(Libro sagrado del pueblo quiché)

ÍNDICE

Presentación 9
Introducción 13

    I.   La familia Menchú Tum 21
    II.   Una comunidad maya 29
    III. Entre la aldea y las fincas 37
    IV. La cuestión de la tierra 65
    V.   Años de represión 89
    VI. Difusión internacional 121
    VII. El Premio Nobel 143
    VIII. Acuerdos de paz y justicia internacional 167

Epílogo 183
Cronología 185
Bibliografía 191

PRESENTACIÓN

Habría que agradecer, en primer lugar, que conozcamos la vida de Rigoberta Menchú al trabajo de la propia protagonista. A diferencia de otros personajes célebres, ella no ha tenido que ver pasar los años desde la tumba para que los historiadores reconozcan su valía. Rigoberta, tras superar infinidad de adversidades, muchas de las cuales tendremos la oportunidad de conocer, ha sido, finalmente, capaz de hacerse escuchar. El personaje que llena estas páginas ha conseguido elevar un clamor de centenares de años de evolución que había sido ahogado tras los muros de la injusticia y la represión. Este grito de esperanza y de denuncia, que seguramente representa a más de un pueblo y a más de un país, ha sido posible gracias también a la labor de varios periodistas y colaboradores que sacaron a la luz pública el nacimiento de una conciencia. Una sabiduría y una lucha que empezaban a resonar tanto en los pequeños foros de las asambleas indígenas como en los largos corredores de los altos organismos internacionales, sobre todo en los difíciles años que hubo en torno a la concesión del Premio Nobel de la Paz, uno de los momentos cumbre de su vida.

El fruto de ese compromiso ha llegado hasta nosotros a través de varias obras que recogen los sentimientos y las razones de esta mujer maya, que quiso darnos testimonio en primera persona de su pasado para que no lo podamos olvidar jamás. Es toda una delicia acercarse a la biografía de esta impresionante mujer a través de su propia voz. *Me llamo Rigoberta Menchú y así me nació la conciencia,* con la colaboración de Elizabeth Burgos, y *Rigoberta: La nieta de los mayas,* con la de Dante Liano y Gianni Minà, son dos de las obras en las que nuestra protagonista ha plasmado sus palabras vivas. La primera de ellas narra la vida de Rigoberta desde su infancia hasta los primeros años de activismo juvenil, cuando tiene que exiliarse por primera vez, en los comienzos de la década de los 80. Aquí la información relacionada con su familia, la cultura de la que se alimenta y el difícil entorno en el que crece es especialmente interesante. En la segunda, en cambio, se relata el crecimiento intelectual de Rigoberta, parte de su pensamiento y su devenir por los círculos de influencia social y política, salpicados por episodios de toda su vida y una magnífica descripción de un suceso clave, el del reconocimiento internacional en medio de los fastos del Quinto Centenario, en 1992.

El rico retrato de sus costumbres y creencias, la emocionante sucesión de numerosas dificultades y éxitos, el increíble poder de sugestión de la lucha de los pueblos indígenas y tantas otras cosas contadas por Rigoberta Menchú hacen de sus libros una referencia ineludible. No haría falta decir, por tanto, que estos textos han sido fundamentales para la elaboración de esta biografía. En este escenario, entonces, el lector puede preguntarse qué sentido tiene añadir una nueva a las ya existentes, máxime cuando son de reconocido prestigio y de incalculable valor humano. Aquí hemos encontrado, fundamentalmente, tres razones.

La primera es que, como acabamos de comentar, los relatos de la vida de esta extraordinaria mujer han sido realizados por diferentes autores mediante la transcripción en papel de los recuerdos de Rigoberta, con algo más de desorden del que sería deseable en no pocas ocasiones. El resultado es una colección de apuntes que, como mínimo, parcelan la vida de Rigoberta en episodios más o menos relevantes, incompletos y, en ocasiones, repetidos. Por otra parte, muchos de los nombres de personas que asoman en los textos y otros datos simplemente no aparecen, debido al miedo que sentía Rigoberta por las represalias que pudiera haber al hacerlos públicos. El esfuerzo invertido en esta revisión de la historia de Rigoberta Menchú está dirigido fundamentalmente a ordenar, depurar y completar la información disponible, haciendo especial hincapié en una organización cronológica que no siempre se ve respetada en las obras anteriores. El reto, no obstante, reside en no restar calor humano al testimonio personal de esta mujer indígena a la hora de unificar en un solo texto lo que sabemos sobre su vida. Conscientes de la dificultad que esto supone, recuperaremos en más de una ocasión sus propias palabras, en lo que creemos representa un signo de respeto hacia su mensaje. Insistiendo en todo lo anterior, se ofrecerá una explicación a una gran cantidad de términos y conceptos originales que aparecen en el pensamiento de Rigoberta y en la cultura maya, así como a determinadas circunstancias sociales y políticas que no son suficientemente aclarados o explicadas en los textos señalados.

Otra buena razón para la elaboración de esta biografía es que en el momento actual reviste un singular interés hacer una revisión crítica de los textos publicados sobre Rigoberta Menchú. Esto es así desde el momento en que se ha suscitado una intensa polémica a causa de obras de reciente aparición, como la del antropólogo David Stoll, *Rigoberta Menchú y la historia de todos los guatemaltecos pobres,* que ponen en tela de juicio el testimonio escrito de esta maya acerca de elementos controvertidos de su propia vida. De tal manera que el segundo de los objetivos de este libro es precisamente éste: acercarse desde una perspectiva lo más objetiva posible a la discusión generada en torno a hechos poco claros, que podrían restar credibilidad al mensaje de una mujer que tiene el honor de ser Premio Nobel de la Paz y voz de los pueblos indígenas oprimidos del planeta.

La tercera y última es que se hace necesario actualizar la información acumulada durante los últimos años de la vida de Rigoberta, especialmente si tenemos en cuenta la hiperactividad institucional y social que ha presidido su trayectoria desde las últimas memorias, que se remontan más de diez años atrás. Los medios de comunicación han recogido, aunque siempre de forma fragmentaria, los actos públicos en los que ha participado, los cambios sociales alcanzados y las iniciativas emprendidas en todo este tiempo, sobre todo las relacionadas con los procesos legales abiertos para acabar con la impunidad. Sin embargo, es en esta obra donde el lector podrá encontrar un seguimiento de carácter unitario y una puesta al día con detalle de los últimos años de la política en Guatemala, de la situación de los indígenas, del Derecho Internacional y, principalmente, de una vida que continúa dando frutos.

De cualquier modo, con independencia de lo anterior, nunca deja de ser relevante insistir en la figura de Rigoberta Menchú como símbolo de lucha, tanto por el respeto a la naturaleza, como por los Derechos Humanos, la recuperación de la memoria histórica y el establecimiento de la justicia social y cultural en todo el mundo, especialmente en su país de origen. Son aspectos todos ellos necesarios que no pueden nunca perder vigencia y mucho menos ahora que nos asaltan cada día noticias relacionadas con las agresiones al medio ambiente o sobre las consecuencias derivadas de las dictaduras militares y la opresión a los más pobres. Cualquiera de estos aspectos hace que la vida y la palabra de nuestro personaje estén siempre de actualidad. Sin duda, el modo de entender la vida que nos enseña Rigoberta es todo un regalo para nuestra cultura occidental.

Las mujeres y los indígenas hemos sido los incomprendidos. Esto constituye una deuda impagable porque hay cosas que jamás podrán restituirse. Sin embargo, tengo mucha esperanza de que mujeres e indígenas podrán incidir decisivamente; quizá en otra época de la Humanidad. Quizá iniciarán un ciclo en que ya no seamos los más desfavorecidos. Quizá en otro tiempo podremos ser los protagonistas. Yo no soy filósofa. Simple y sencillamente, soy una nieta de los mayas. Ni siquiera hija, porque la hija es más cercana. Ser nieta significa tener abuelos, tener historia, tener pasado; al mismo tiempo que representa poseer sangre joven, pertenecer a una generación nueva, asomarse al futuro. Soy nieta de los mayas y creo que hay cosas que cambiarán más adelante. Las mujeres hoy cobran gran importancia en muchos campos. Las mujeres han desafiado dictaduras desde condiciones desiguales y parece que podrán desafiar, más adelante, la impunidad a escala mundial. La impunidad es un arma de guerra local y también se eleva a escala mundial. Las mujeres, por haber sido madres de tantos desaparecidos sobre la Tierra y de tantos niños de la calle y por haber sido madres de tanta generación perdida en la droga, por haber sido madres de los que destruyen la Tierra, cómo no van a sufrir, cómo no van a sentir. La lucha de los indígenas nace de algo que no se puede decir; algo que está más allá de la locura y de la ideología.

Rigoberta Menchú Tum

INTRODUCCIÓN

Momentos antes de terminar esta biografía, a comienzos de 2005, aparece en la televisión uno de los militares que presuntamente participó en los delitos de genocidio, terrorismo y torturas cometidos en Argentina durante la etapa de la dictadura, entre 1976 y 1983. Es el ex marino Adolfo Scilingo. Vestido con guantes de lana y con un abrigo de cuello alto con el que se tapa el rostro, no deja ver su mirada porque está escondida tras unos párpados cerrados. Apenas se mantiene erguido en la silla, permanece postrado y se tapa con una manta azul. Durante toda su estancia en la sala de vistas parece estar semiinconsciente y, en una ocasión, mientras el juez le está leyendo sus derechos, se le puede oír musitar: *Me duele la cabeza, no me grite*.

¿Acaso el tribunal ha perdido toda sensibilidad? No parece posible juzgar a alguien en tal estado por muy terribles que hayan podido ser sus crímenes, que en este caso sumarían penas de más de 6.000 años de prisión. A instancias del magistrado, los médicos forenses determinan que, aunque debilitado por la huelga de hambre, el ex militar argentino goza de un buen estado físico, está orientado, comprende la situación y puede hablar: lo que ocurre es que no quiere. Momentos antes había llegado andando a la Audiencia Nacional de Madrid sin necesidad de trasladarse en la silla de ruedas con la que entró en la sala.

Pocos días después, tras varias jornadas de huelga de hambre como única medicina, compareció de nuevo ante el tribunal cargado de energía y de argumentos. Contó que sus declaraciones autoinculpatorias tenían como objetivo la apertura de una investigación. Decía que su objetivo era hacer justicia, movido por odio y venganza (su hermana fue torturada y asesinada por orden del almirante Eduardo Masera), con la confianza de que nunca se podría demostrar su culpabilidad, puesto que los culpables eran otros. Ciertamente, el camino para acabar con la impunidad es increíblemente sinuoso. El sumario sigue su curso.

Scilingo era en 1977 teniente de navío y estaba destinado en la Escuela Mecánica de la Armada, un nombre de infausto recuerdo para miles de personas en Argentina y en el resto del mundo. Las peores sospechas acerca de los desgraciadamente famosos *vuelos de la muerte* se vieron confirmadas a mediados de la década de los 90. Adolfo Scilingo confesó su participación al periodista Horacio Verbitsky, que recoge los hechos en su libro *El vuelo*. En una de las cartas que remitió al periodista argentino relataba lo que él mismo denominó como *cosas peores que las que hicieron los nazis*. La carta había sido originalmente dirigida al dictador Jorge Rafael Videla y decía así:

> *Siendo usted comandante en jefe de Ejército y en cumplimiento de órdenes impartidas por el Poder Ejecutivo, cuya titularidad usted ejercía, participé en dos traslados aéreos, el primero con 13 subversivos a bordo de un avión Skyvan de la prefectura, y el otro con 17 terroristas en un Electra de la Aviación Naval. Se les dijo que serían evacuados a un penal del sur del país y que por ello debían ser vacunados. Recibieron una primera dosis de anestesia, que sería reforzada por otra mayor en vuelo. Finalmente, en ambos casos fueron arrojados desnudos a aguas del Atlántico Sur desde los aviones en vuelo.*

En 1997, Scilingo viajó a Madrid para participar en un programa televisivo y el juez Baltasar Garzón ordenó que compareciese a declarar. Tras la entrevista fue decretada su prisión incondicional. Un año más tarde, algo parecido, aunque de mayor trascendencia, ocurría en Londres: la policía británica detuvo al general chileno Augusto Pinochet por orden de la Audiencia Nacional. Como tendremos ocasión de comprobar, hoy algunas de estas y otras diligencias continúan abiertas.

La escena vivida estos días en el tribunal madrileño representa perfectamente una de las claves de la lucha de Rigoberta Menchú y, por tanto, de este libro: no nos encontramos desvalidos ante las más graves violaciones del Derecho Internacional. Fueron años de nefasto protagonismo de personajes como Videla, Pinochet, Bordaberry, Trujillo, Somoza, Lucas y Ríos Montt; en tierras que se extendían desde la Patagonia hasta la Sierra Lacandona; con grupos de nombre bien conocido, como el de los sandinistas, el Frente Farabundo Martí, los montoneros, los tupamaros, el Ejército Guerrillero de los

Pobres, etc. Tiempos en los que valía todo y la represión salvaje actuaba sin piedad.

Ya sabíamos que existen instrumentos legales suficientes para combatir estas desgracias, aunque no siempre se hayan puesto en marcha. Que ahora se comience a hacer es una noticia que Rigoberta, sin duda, habrá acogido con alegría y satisfacción. Supone sacar del letargo la maquinaria que permite juzgar a los responsables de crímenes contra la Humanidad, algo que nuestra protagonista lleva defendiendo toda su vida, especialmente en Guatemala. Supone ver a los torturadores escondiendo la mirada tras unos ojos cerrados y una manta azul. Supone empezar a ver el fin de la impunidad.

Rigoberta Menchú es, ante todo, cinco cosas: una india maya, pobre, de Guatemala y, además, mujer. De hecho, no sólo es una indígena, sino que además lo parece, lo cual cobra más importancia porque son todos atributos que, por sí mismos, garantizan casi con total seguridad padecer rechazo social, sufrir explotación laboral y no tener quien te escuche, entre otras muchas cosas. Pero, sin embargo, no fue éste el caso de nuestra protagonista ya que, aunque trabajó muy duro por menos de lo que estaríamos dispuestos a ofrecer a un mendigo y aunque experimentó cómo la sociedad dominante, tan diferente a la de sus ancestros, no estaba dispuesta a aceptarla tal como era, sí consiguió hacer oír su voz. Desde luego que lo consiguió, y no en cualquier sitio, sino en los micrófonos de las Naciones Unidas y ante los grandes líderes de nuestro tiempo, siempre vestida con su huipil y su corte, esa colorida ropa étnica que la hace inconfundible.

Ahora bien, los datos que nos acercan a la realidad que vivió Rigoberta son mucho más oscuros. Según Amnistía Internacional, las escalofriantes cifras con las que se intenta romper el silencio institucional claman bien alto: más de 440 pueblos destruidos y más de 100.000 civiles desaparecidos, probablemente ejecutados; 100.000 mujeres viudas y 250.000 huérfanos; más de un millón de desplazados dentro de su propio país y más de 100.000 personas refugiadas en México para escapar del horror. Todo esto como producto de más de 35 años de una política de tierra arrasada destinada a acabar con reales o supuestos enemigos del Gobierno, la mayor parte de ellos campesinos indígenas como Rigoberta. El Ejército, las patrullas paramilitares y los agentes estatales iniciaron una campaña para erradicar la guerrilla y terminaron sirviendo para apagar cualquier posible fuente de oposición política.

¿Qué tuvo que ocurrir para que Rigoberta Menchú pasase de ser una desconocida a punto de ser torturada o asesinada, como muchos de sus amigos y familiares, a convertirse en una carismática referencia de la lucha por los Derechos Humanos a nivel internacional? Innumerables cosas que iremos detallando, algunas buenas y muchísimas otras no tanto, pero todas necesarias para forjar una personalidad y una voluntad resistentes y auténticas, porque si algo define a Rigoberta es precisamente su arraigado sentido de la responsabilidad y su fidelidad hacia una herencia intemporal que nos resulta en gran medida desconocida.

De ese modo, el relato de la vida de Rigoberta Menchú será el relato tanto de los tristes acontecimientos de su infancia y del imprescindible legado de la cultura maya, como de los felices éxitos y las duras batallas sociales y administrativas que todavía hoy sigue manteniendo para el reconocimiento de los más débiles. El relato de una lucha que empezó antes que su propia vida y que, sin duda, continuará después de su muerte.

Introducción histórica

Rigoberta Menchú vino al mundo el 9 de enero de 1959, en una comunidad indígena del territorio que hoy conocemos como Guatemala, aunque muchos años antes formaba parte de una comarca más extensa, dominada por la cultura maya, que incluía a los países vecinos del sur. Esta civilización formó un Imperio impresionante cuyo esplendor se mantuvo entre los siglos IV y X, pero que comenzó a declinar cuando pueblos guerreros procedentes del centro de México, probablemente náhuatls, sometieran a los mayas a partir del siglo XI. De México procedieron también Pedro de Alvarado y sus 350 compañeros castellanos que, más adelante, en el siglo XVI, iniciaron una conquista ladina del territorio maya que quizá sólo pudo darse por concluida a inicios del siglo pasado. Una conquista relativa, puesto que la regla en América Latina es encontrar masas campesinas de indígenas, para las cuales el español es la segunda o acaso la tercera lengua. En el caso particular de Guatemala esto llega al extremo: los mayas fueron sometidos, pero, utilizando la expresión del periodista Horacio Verbitsky, deglutieron al conquistador blanco. Sus rostros siguen siendo los de hace cinco siglos, como también ocurre en Perú; un *pueblo testimonio,* tal y como lo denomina la Antropología.

La historia del pueblo maya seguirá viva a lo largo de esta biografía cuando recuperemos, de la mano de los recuerdos y las creencias de nuestra protagonista, las costumbres y leyendas que han conseguido perdurar a lo largo de los siglos.

Su comunidad natal, la de los indios quichés, es una de las más importantes dentro de las distintas etnias que existen en el país. Rigoberta nació en una pequeña aldea entre las montañas llamada Chimel, en la zona noroeste de Guatemala, perteneciente a San Miguel de Uspantán, departamento del Quiché. Es ésta una tierra emplazada entre montes y selva, un lugar distante de las grandes vías de comunicación al que sólo se puede acceder a través de pequeños caminos, por medio de caballos o a pie. Aquí la naturaleza se muestra en todo su esplendor; el ser humano no es sino una pequeña fuerza frente a la vastedad del medio que le rodea.

Geografía del país

Guatemala es hoy una república de América Central de unos 14 millones de habitantes y que ocupa una extensión cercana a los 110.000 km^2 (algo más grande que Andalucía, por ejemplo). Situada entre Honduras y El Salvador hacia el sur y México y Belice hacia el norte, se encuentra en esa zona caliente ocupada por países que han sido zarandeados a manos de interminables huracanes atmosféricos y políticos, principalmente durante la segunda mitad del siglo pasado. De población mayoritariamente católica, pues en torno a dos tercios se declara practicante, Guatemala acoge a multitud de etnias diferentes, hasta el punto de que cerca del 50 % de la población es indígena. Además de los quichés, la originaria de Rigoberta, existen 22 poblaciones indígenas repartidas por todo el territorio. Hay, en cambio, una reducida minoría de blancos puros. La población amerindia se concentra sobre todo en la zona occidental del país, al oeste de su capital, Ciudad de Guatemala, mientras que la población mestiza, también llamados ladinos, constituye la mayoría de la población urbana y forma un estrato social superior. Actualmente se denomina ladino a todo aquel guatemalteco que, con independencia de su posición económica, rechaza los valores indígenas. Sobre esta posición dominante mucho habrá de hablar nuestro personaje a lo largo de su vida, por lo que tendremos tiempo después de volver a profundizar sobre ello con más calma.

Algo importante que habría que entender antes de conocer con más detalle la vida de Rigoberta es el especial relieve del territorio y sus repercusiones sobre la geografía económica del Estado. Guatemala se caracteriza por tener una importante cordillera que cruza el país desde México a El Salvador. Con picos que superan los 4.000 m de altura, a ambos lados de las montañas que separan el Pacífico y el Caribe se sitúan regiones de tierras altas. Unas descienden rápidamente hacia el sur para enlazar con la planicie costera del Pacífico; otras bajan más lentamente hacia el norte, donde se funden con las grandes plataformas procedentes del Yucatán. De este modo, Guatemala reparte su territorio entre las estrechas llanuras de la costa, las altas montañas de Sierra Madre y las extensas planicies del norte cubiertas de selva virgen y prácticamente deshabitadas.

Las consecuencias de esta difícil orografía se expresan claramente en la distribución de la población y en las actividades agrícolas y ganaderas. Hay que indicar que existen pocas ciudades densamente pobladas aparte de la capital, por lo que la población en estas zonas predominantemente rurales está disgregada y mal comunicada, como señalamos antes respecto al pueblo natal de Rigoberta.

En las llanuras costeras del Pacífico las tierras son muy fértiles, si bien las elevadas temperaturas típicas del clima ecuatorial limitan el desarrollo de ciertos cultivos. En estas zonas abunda, por tanto, la ganadería vacuna confinada en establos y las grandes plantaciones de algodón. Las de café, en cambio, dominan en las faldas de las montañas y están concentradas en manos de unos pocos latifundistas. Estas grandes propiedades pertenecen a extranjeros o a ladinos y están destinadas al comercio exterior. Su mano de obra es esencialmente asalariada y el nivel técnico relativamente avanzado, lo cual contrasta en gran medida con el otro tipo de propiedad, de tipo familiar o comunitaria, tecnológicamente arcaica y que está dirigida fundamentalmente al consumo interno. Los propietarios y trabajadores de este último sector son, como era de suponer, de origen indígena. Por otra parte, en las regiones selváticas se concentra la explotación forestal, fuente muy abundante de madera y chicle. En último lugar, los cultivos de maíz y de frijol son la principal actividad en las tierras altas occidentales, de las que procede nuestra protagonista. Comprobaremos hasta qué punto se encuentra ligada su vida y la de su comunidad al maíz.

Antecedentes políticos

Rigoberta tuvo la suerte de alcanzar la edad adulta porque la pobreza hizo mella en los niños que, como ella, nacieron en las décadas comprendidas entre 1950 y 1970. Pocos, tan sólo el 40 %, eran los que conseguían alcanzar los quince años, puesto que los demás perecían víctimas de la miseria y las enfermedades. Pero, lamentablemente, no ha sido ésta la única causa de mortalidad: según Amnistía Internacional, Guatemala ha sufrido un asesinato político cada cinco horas durante los años de juventud de Rigoberta. El terrorismo de Estado no ha tenido rostro a lo largo de esos años: los responsables miraban hacia otro lado y las víctimas tenían la cara borrada por las torturas. Veremos que fueron años de crímenes convertidos en espectáculo público, como mostraban las decenas de cabezas clavadas en palos al borde de los caminos, en doble señal de castigo y advertencia.

Sucede que Rigoberta vino al mundo en un país en el que los campesinos huían de sus tierras a lo largo del altiplano y a través de las montañas hacia la comarca de Chiapas, en el sur de México. Es posible que el éxodo de los indígenas se remonte muy atrás en el tiempo, pero la situación comienza a hacerse especialmente complicada a partir de 1954. En esa fecha, el coronel Castillo Armas, graduado en Fort Leavenworth, Kansas, acabó con el Gobierno reformista de Jacobo Arbenz y devolvió a la *United Fruit Company* las tierras sin cultivar que la reforma agraria había expropiado. Cerca de 30 años después, las grandes compañías tienen otros nombres, como *International Nickel* o *Texaco,* pero el sistema de opresión sigue siendo el mismo.

Las tierras de Guatemala son ricas en cultura y recursos. Ambas riquezas son ahora una maldición para los indígenas. Ser indígena es ser un indio, y ser un indio es un insulto en una sociedad en la que son mayoría de la población y, por supuesto, del sector agrícola. Pero el hecho de habitar y trabajar tierras ricas en níquel y petróleo les ha condenado a muerte. Hasta el punto que el primer derecho que cada generación debe reclamar en Guatemala es la conservación de las tierras del altiplano, en las que las anteriores generaciones se refugiaron cuando las macroempresas agrícolas les arrebataron los terrenos más fértiles que cultivaban en la costa. El segundo objetivo es el derecho a la vida, ya que si se pierde la tierra se pierde la vida. Ése es el motivo de que tan a menudo se lucha con la vida por defender una tierra. Así, Guatemala se estaba convirtiendo en un país en guerra cuando la futura Premio Nobel vio la luz por primera vez.

Eduardo Galeano, escritor uruguayo que ha estado viviendo en España, ha escrito varios artículos periodísticos acerca de esta cuestión. A finales de 1981, después de escuchar el testimonio de varios campesinos de la zona originaria de Rigoberta, dijo que *se sienten dentro de uno las cosas que pasan en Guatemala*. Efectivamente, eso es lo que ocurre cuando se tienen delante las palabras de los indígenas perseguidos, palabras vivas que dichas o escritas en un castellano elemental nos muestran el terror más abominable.

I. LA FAMILIA MENCHÚ TUM

Los padres de Rigoberta se establecieron en torno a 1960 en medio de las montañas, en esta zona casi virgen del Quiché, con la idea de cultivar la tierra, del mismo modo que lo llevan haciendo sus antepasados mayas desde tiempos inmemoriales. De hecho, en uno de sus libros autobiográficos, tal como recogemos en la presentación, Menchú se refiere a sí misma como la nieta de los mayas, en alusión a toda una herencia cultural imposible de rechazar a la hora de explicar su mundo y su historia. Por tal motivo, éste no es sólo el relato de la vida de Rigoberta Menchú Tum, una luchadora por los Derechos Humanos que obtuvo su mayor reconocimiento institucional cuando le fue otorgado el Premio Nobel de la Paz en 1992, sino el de todos los pueblos indígenas y, en particular, el de las comunidades mayas. Una historia en gran parte conocida por el testimonio vivo de una de sus integrantes que nunca quiso renunciar al legado que recibió de sus ancestros.

Las dificultades que tuvieron que afrontar los padres de nuestro personaje e, incluso, ella misma durante su infancia fueron, a lo largo de esos años, mayores que las que se encontraron los mayas antes de la colonización. A la dureza del trabajo en un campo apenas cultivado se sumaron las condiciones impuestas por un sistema económico y político que les resultaba en gran medida ajeno y, por qué no decirlo, injusto. No es la opinión del autor, sino la vida de esta mujer maya la que lo demuestra. Rigoberta Menchú tendrá siempre muy presente las experiencias vividas en sus primeros años, experiencias constituyentes que le harán preguntarse siempre por los orígenes de la injusticia, de la pobreza y del sufrimiento.

> *El testimonio que doy no lo he aprendido en un libro y tampoco lo he aprendido sola, sino con mi pueblo [...] Me cuesta mucho recordar toda la vida que he vivido, pues*

muchas veces hay tiempos muy negros y hay tiempos en que se goza también, pero lo importante es que no soy la única, pues ha vivido mucha gente y esta es la vida de todos. La vida de todos los guatemaltecos pobres [...] Mi situación personal engloba toda la realidad de un pueblo.

La tierra, la familia, las costumbres. El maíz, la muerte, el respeto. La lucha, los campesinos, la impunidad. Los viajes, el reconocimiento, la palabra. Veamos cómo empezó todo.

Los orígenes

Rigoberta Menchú no fue al colegio de niña. En la aldea donde se crió, el pequeño pueblo de Chimel, los profesores eran sus padres, sus animales, la montaña, en definitiva, la comunidad. Porque de su comunidad forman parte los árboles, los perros y el maíz: una cultura que iremos conociendo con el cuidado y el respeto que requiere acercarse al mundo indígena desde la perspectiva siempre contaminada y etnocentrista de un observador extranjero. Por eso nos apoyaremos en las precisas palabras de Rigoberta a lo largo del texto tantas veces como sea preciso.

A Rigoberta ya no le cuesta hablar español, aunque tuvo que aprenderlo cuando dejó de ser una chiquilla y lo necesitó para hacerse valer en un mundo de ladinos hispanohablantes. Como decía Eduardo Galeano, los indígenas violaron el idioma de Cervantes para que fecundara porque, a pesar de no ser su lengua, irrumpieron en ella desesperados, necesitados de decir, y tropezaron con las palabras, aunque las pocas que atraparon las hicieron estallar.

Hasta ese momento, en su pequeña aldea se hablaba quiché, una variedad lingüística maya que le bautizó con un nombre algo más desconocido: *M'in*, el mismo que había tenido su abuela. Un nombre indígena rechazado en el registro porque no figuraba en el santoral católico, de ahí que su padre tuviera que elegir uno de la lista que le dieron. Rigoberta es un nombre complicado para los indígenas, de hecho, su madre nunca supo decirlo bien y siempre le llamaba Beta o Tita. Acertadamente señala José Ángel Valente, un poeta español residente en Ginebra que tuvo el placer de coincidir en esa ciudad con ella muchos años después, que *la destrucción de la identidad empieza por el nombre, por la privación del nombre verdadero. Ahora, los*

Rigoberta Menchú es una indígena quiché, una heredera directa de los mayas.

nombres indígenas, en los territorios de guerrilla, se inscriben sin falso doblete en los archivos de la revolución.

Los padres de Rigoberta

En Chimel no hay coches ni grandes carreteras, tan sólo caminos que serpentean entre las montañas. Los inicios fueron duros: cuando los padres de Rigoberta llegaron allí nadie había intentado sacar provecho a esa tierra antes. Al principio subsistieron recogiendo mimbre, pero más adelante se instalaron de forma estable en esa comarca. Pero, ¿de dónde venían los padres de Rigoberta?

El padre, Vicente Menchú, un personaje fundamental en esta historia, nació en 1920 en Santa Rosa Chucuyub, otra aldea del Quiché cuyo nombre proviene de una mezcla entre la denominación hispana y el término autóctono, que significa *ante el cerro*. Al parecer, su madre le dejó en manos de una familia ajena porque era viuda y no podía hacerse cargo de él y de sus hermanos, por lo que resulta probable que desde pequeño se formara una conciencia fuertemente condicionada por los acontecimientos de aquellos años tan precoces. En una familia rica de Uspantán, la abuela de Rigoberta ejercía de sirvienta mientras sus hijos trabajaban al cuidado del ganado y realizaban pequeñas tareas domésticas como transportar leña o agua. Con el tiempo, los niños fueron creciendo hasta que llegó un momento en que el señor de la casa decidió que el trabajo de la madre no era suficiente para sufragar la manutención de toda la familia. El mayor de los hijos tuvo que ser enviado a otro hogar, que ya sería su destino definitivo. Allí fue donde se desarrolló durante varios años, trabajando en el campo y ganando más bien nada, puesto que, al estar en calidad de cedido, perdía el derecho a recibir un salario. Pese a vivir rodeado de ladinos, el padre de Rigoberta apenas aprendió el idioma: su lugar en la familia era secundario, vivía aislado del resto y únicamente se dirigían a él para trabajar. Así debieron transcurrir en torno a nueve años, hasta que con cerca de 14 comenzó a buscar un nuevo lugar en la costa. Ya hicimos referencia a que era en las fincas donde los indígenas encontraban un empleo con el que poder ahorrar algo para las familias del interior; gracias a esto, le fue posible sacar a su madre de la casa donde vivía. No era infrecuente que las criadas del señor fueran eventuales amantes aunque éste estuviera casado y tuviera hijos.

En todo caso, no debía resultar fácil renunciar a estas presiones teniendo en cuenta la situación económica y social de los indígenas. De ahí que resultara casi obligado el salto a las fincas como modo de ganar algo de autonomía en aquellas circunstancias.

Las fincas han sido también parte de la escuela de Rigoberta. Además de en la aldea, los padres de la pequeña maya criaron a sus hijos a temporadas en la costa sur del país. El cultivo de café y algodón, que anteriormente describíamos, se veía complementado con la caña de azúcar y el cardamomo en esa zona. Así, el corte de caña se había convertido en la actividad principal de la familia Menchú desde que ella tuvo uso de razón.

Las condiciones laborales, pese a todo, no debían de ser muy buenas. Según cuenta la propia Rigoberta en sus memorias, en ocasiones tan sólo se alimentaban de hierbas del campo, puesto que no disponían ni de maíz para comer. Sin embargo, con el tiempo y el esfuerzo, consiguieron construir una morada en el altiplano, lejos de las plantaciones. Allí es donde comentábamos que tuvieron que cultivar la tierra por primera vez y donde ella nació.

Vicente se convirtió con 18 años en el cabeza de familia. A su cargo quedaban una madre y dos hermanos que veían cómo se lo llevaban reclutado al cuartel para realizar el servicio militar obligatorio. Según contó Rigoberta años después, su padre se vio obligado a endurecer el carácter a la fuerza, en vista del feroz régimen castrense al que estuvo sometido. Aprendió a golpes la disciplina del Ejército y, un año después, regresó para reunirse con su familia. Tristemente, encontró a su madre recién llegada de las fincas con una intensa fiebre, producto de la enfermedad más común a causa del fuerte y pernicioso contraste entre las elevadas temperaturas de la costa y el frío del altiplano. El cambio brusco causaba frecuentes afecciones que no siempre podían tratarse correctamente. En el caso de la abuela de Rigoberta, así fue. Carentes de dinero suficiente para enviarla a un lugar adecuado, los tres hijos nada pudieron hacer para evitar su muerte.

Los hermanos se vieron obligados, a falta de otra familia que les acogiera, a trasladarse de nuevo a la costa y a separarse en busca de trabajo. Al parecer, Vicente se hizo con un empleo de sueldo bastante escaso en un convento parroquial. Después de muchas tribulaciones encontró a la que sería su esposa. Procedente también de una familia pobre, Juana Tum vagaba en busca de empleo según la estación y las oportunidades. Su encuentro se produjo en el altiplano, aunque pronto se marcharon a la montaña, a aquella comarca en la que aún no había pueblo, ni otra cosa que no fuera la tierra para trabajar. Así fue como se fundó la aldea en la que habría de nacer Rigoberta.

Las fincas y el altiplano

En Guatemala, las tierras pertenecen al Gobierno, esto es, nadie puede ocupar un espacio sin más, sino que es preciso pedir permiso a las autoridades para establecerse en un lugar determinado. Después de solicitar el permiso, es necesario pagar una cuota para levantar las casas. De modo que los futuros padres de Rigoberta tuvieron que andar yendo y viniendo a las costas para ganar dinero e ir construyendo la aldea mientras la tierra comenzaba a dar rendimiento, porque los primeros años de cultivo de una tierra no es fácil obtener cosecha. De hecho, hasta que no han pasado ocho o nueve años no se consigue la primera recolección buena.

En ese intervalo comenzaron a crecer los hijos mayores, nada menos que cinco. Ella fue la sexta de nueve hermanos. Cierto es que no todos sobrevivieron porque, tal y como relata nuestra protagonista en sus memorias, dos murieron en las fincas, uno de los cuales lo hizo delante de ella, debido a la desnutrición. Es precisamente en este punto donde se despertará cierta controversia a causa de la publicación de algunas obras que no dan crédito histórico al relato de Rigoberta Menchú. Algunos autores critican un exceso de dramatismo en el relato de varios hechos de su vida, como explicaremos en breve.

El caso es que las condiciones laborales y sanitarias no debían de ser muy saludables en las fincas. A la falta de alimentos en época de crecimiento se unían las frecuentes enfermedades. Por este motivo, durante las temporadas que tenían que pasar en aquel lugar, comprobó que no resultaba fácil alcanzar los 15 años con buena salud. En todo caso, aunque una parte de la vida de la familia Menchú transcurriera en las fincas, otra parte importante se desarrolló en la aldea. Allí, el panorama era claramente diferente: las montañas, los árboles, los ríos, la tierra… una naturaleza en plenitud se abría delante de ella.

Cuenta Rigoberta que su madre en ocasiones se perdía en las montañas entre la frondosidad de las plantas, que no dejaban pasar muchas veces ni un rayo de luz. Los vecinos más cercanos se encontraban a larga distancia, pero poco a poco la aldea comenzó a crecer; otra gente se acercaba a esa zona a cultivar la tierra y entre todos vigilaban que animales salvajes no bajaran de las montañas a comer el maíz en crecimiento. La aldea empezó a disponer de animales domésticos, como gallinas y ovejas, a los que había que cuidar atentamente puesto que si se extraviaban por la montaña era difícil verlos regresar. Acababan perdidos o cazados por los animales salvajes.

La familia Menchú, al igual que muchas otras, aún no podía permitirse el lujo de dejar de trabajar en las fincas para otros. Por eso, Rigoberta y sus hermanos conocieron desde pequeños el diferente estilo de vida existente entre su tierra y las plantaciones de la costa. En la aldea, aunque tampoco podían jugar como todos los niños porque desde muy pequeños formaban parte del reparto de tareas, era posible divertirse en los ríos y con los animales cerca de la casa. Si había que limpiar el bosque, ellos se encargaban de los arbustos pequeños y los padres de los árboles más grandes. Rodeados del canto de los pájaros y del baile de las culebras aprendieron a desenvolverse en la rica naturaleza con soltura.

En ese ambiente apareció nuestra niña maya después de aquellos cinco hermanos. Sin embargo, su madre estaba sola cuando dio a luz a la pequeña, ya que el resto de la familia se encontraba en la finca trabajando por un tiempo. Así sería durante los siguientes largos años, con temporadas de unos ocho meses en la costa trabajando en la caña, el café o el algodón y períodos de otros cuatro en el altiplano haciendo crecer el maíz y el frijol de su aldea. Durante esos ocho meses no permanecían en la costa de forma continua, era necesario subir un mes entremedias para sembrar y esperar después un tiempo hasta la cosecha. Más adelante se regresaba otra vez a la producción para ganar algo de dinero. No debieron ser fáciles aquellos años de la familia Menchú, como tampoco los iban a ser más adelante.

II. UNA COMUNIDAD MAYA

Las comunidades mayas del Quiché se organizan de acuerdo a unas normas que han logrado mantener con mayor o menor fortuna durante siglos. Parte de su identidad reside en la conservación de multitud de ceremonias que necesitamos conocer, aunque tan sólo sea ligeramente, para entender de dónde viene esta mujer y cómo ha sido edificada su conciencia.

El nacimiento y el elegido

En cada comunidad hay un elegido sobre el que recaen multitud de responsabilidades. Su papel consiste en ser el representante, algo así como el padre de todos. Por eso, los padres de Rigoberta, como figuras elegidas de la comunidad, se convirtieron en los padres de todos. Tanto es así que las mujeres embarazadas ya comparten desde el primer momento su concepción con el señor y la señora elegida, para dejar constancia de que el bebé será de todo el pueblo, no exclusivamente de los padres. Se acude a los elegidos para compartir el embarazo y para comprometerse a seguir las costumbres de la comunidad. También para recibir todo el apoyo de los que serán sus segundos padres el resto de su vida. En muchas ocasiones será la mujer elegida la que actuará como matrona en el parto. En el caso particular de Juana Tum, como comadrona de la comunidad, eso será así siempre.

Posteriormente, se acude a ellos para establecer quiénes serán los padrinos, quiénes se encargarán de velar por su educación y su crecimiento en el caso de que los padres biológicos no estén. Más adelante, el resto de las familias vecinas, sobre todo las mujeres, se acercan a visitar a la madre. Suelen darle algún tipo de regalo, conversar con ella, compartir sus preocupaciones, etc.

Otra de las costumbres típicas es mostrar al bebé la importancia de la naturaleza, incluso desde antes de nacer. Cuando la mujer está embarazada de unos siete meses, comienza a salir al campo y a pasear por las montañas para transmitirle cariño por ese entorno. De hecho, la mamá habla con su vientre y le explica cómo será su trabajo, el respeto por el medio ambiente, en definitiva, la vida que le espera vivir.

Una prueba de esto son los baños de la madre en el temascal. Se trata de una pieza cerrada, construida a base de adobe, con un horno en su interior al que se le echa agua para llenarlo de vapor. La madre pone leña en el horno de piedra y coloca diferentes plantas en el agua. Baños de encina, de naranja o de durazno, una variedad de árbol y fruto como el del melocotonero o el pérsico, que no sólo se utilizan para las mujeres embarazadas, sino para cualquier tipo de malestar. Es la mujer elegida por la comunidad o la matrona quien se encarga de recomendar las hierbas más adecuadas, con las que se bañará la embarazada hasta el final del ciclo. Es un modo de mantenerla en contacto con la naturaleza y de proporcionarle un descanso, ya que durante el período en el que permanece encinta, la mujer no deja de trabajar.

Suele haber tres parejas presentes en el momento del nacimiento, normalmente las formadas por los señores elegidos de la comunidad, los padres del bebé, como es lógico, y parte de la familia de alguno de ellos. De este modo, no se permite la entrada de mujeres solteras a los partos, salvo en caso de necesidad. Quien asiste, por tanto, es la comadrona: la madre de Rigoberta, en este caso. Juana fue partera desde los 16 años hasta su muerte, con 43. Para los indígenas no deja de ser un escándalo acudir a un hospital e impedir que el alumbramiento sea natural, motivo por el cual resulta muy frecuente ayudar al nacimiento con escasos medios. Según Rigoberta, tal y como vio en el parto de su hermana, su madre solía sostener a la parturienta con cuerdas en el techo para facilitar la salida del recién nacido, apoyada en la creencia de que acostada perdía fuerzas para conseguirlo. La madre de Rigoberta era una gran conocedora de las propiedades curativas de ciertas plantas, por lo que aplicaba esos remedios en el parto y en las enfermedades. No era raro que alguien de la comunidad acudiera a casa a altas horas de la madrugada para pedir ayuda ante alguna afección.

Cuando nace el bebé se dice a los demás niños que ha llegado uno más al mundo, pero no se les explica cómo. Durante el transcurso de ocho días se guarda la pureza de su nacimiento, evitando que tenga contacto con el resto de las personas, excepto con la madre y las que le ayudan. De esta manera, la mamá únicamente se dedica a su recién nacido. Una vez transcurridos los ocho días, es importante fijarse en la cantidad de personas que visitan al bebé. Se interpreta que si ese número es elevado, estamos ante una figura que será relevante dentro de la comunidad. Se desconoce si fue éste el caso de Rigoberta, pero, a juzgar por lo que estaba por venir, así debió haber sido.

En los días posteriores al alumbramiento, la familia se alimenta de una oveja que se ha matado expresamente con motivo del acontecimiento. Vecinos y amigos se encargan de proporcionar alguna ayuda a la familia, ya sea en forma de leña, comida o con otro tipo de regalo, como ropa. Cuando se terminan las visitas y los regalos se encienden unas velas como símbolo de que una nueva luz se suma a la comunidad. En la vivienda, los allegados lavan la ropa de la madre y se limpia su cama y la habitación en la que estuvo postrada ese tiempo. Después de lavarse, madre e hijo salen del temascal, se ponen su ropa limpia y abren las puertas de su hogar.

A partir de ese momento, el bebé forma parte de la comunidad y puede ser aceptado por todo el mundo. La familia y los vecinos ya le pueden conocer, para lo cual se celebra una gran fiesta en la que participa casi todo el pueblo y donde el individuo elegido charla acerca de la importancia del compromiso respecto a la comunidad.

Parte de estas premisas se repiten en la ceremonia del bautismo, 40 días después del parto. En ella, los padres se responsabilizan de que el niño mantenga el compromiso de guardar los secretos propios de su cultura. Aquí, los indígenas se muestran críticos respecto al resto del mundo, especialmente respecto a aquellos hermanos que han abandonado sus costumbres. Por otra parte, ensalzan el nombre de personajes ilustres que lucharon por su cultura, como Tukum Umam, que mencionaremos más adelante, y rinden homenaje a las plantas más importantes, sobre todo al maíz y al frijol, sobre las que descansa su sabiduría.

La simbología maya

Variados son el resto de elementos que presiden todos estos rituales. Por una parte, el agua, que está presente en esta cultura, al igual que en muchas otras, como símbolo de purificación. Cuando se lava la ropa de la madre nunca se hace con agua de un pozo, sino que hay que llevarla al río, por muy lejos que se encuentre. Por otra parte, está el incienso. Los indígenas queman el pom o el copal, una resina obtenida de un árbol que cuando se calienta ofrece un olor intenso.

También está la cal, un elemento sagrado para los indígenas. Algunos, entre los que se encuentra nuestra protagonista, consideran que sirve para fortalecer los huesos de los pequeños. Otros elementos con valor simbólico son el ajo, la sal y el tabaco. A los recién nacidos se les prepara una pequeña bolsita con una pizca de estas sustancias, de algún modo sagradas, que se les cuelga al cuello con el fin de que les sirva para hacer frente a las fuerzas negativas de la vida. Saber conservar la bolsita se convierte en símbolo de saber guardar el legado de los antepasados.

A nivel cosmológico, el padre único de todos es el corazón del cielo, el Sol. Los indígenas saludan al Sol con mucha reverencia en cada amanecer, cada vez que, como decía la madre de Rigoberta, sus ojos empezaban a espiar detrás de un cerro en la mañana. El Sol es símbolo de generosidad, de fortaleza y vida; es la representación de un gran corazón. Una especie de intermediario entre el Dios único y sus hijos, al que se promete no dañar a los demás seres vivos. Como figura femenina tienen a la Luna, una madre tierna que les alumbra. Pero quien sostiene el Universo es el Sol. Ambos representan la dualidad de la vida, como elementos complementarios. Cuando se pide al Sol que permita caer la lluvia es porque se piensa que la madre Tierra está fértil. La semilla crecerá si la lluvia se pone en contacto con la tierra, lo que para el pueblo de Rigoberta es como si hubieran hecho el amor para tener un hijo.

En relación con esto encontramos el color rojo, que cobra mucha importancia para los indígenas. Cuando una niña nace, la matrona se encarga de hacerle los agujeros de las orejas al tiempo que corta el cordón umbilical. Tanto la bolsita que se le regala como el hilo de su ombligo tienen que ser rojos. Este color es símbolo del calor, de la vida, y por este motivo se encuentra muy relacionado con el Sol, que a su vez es el vínculo con el Dios único. Se convierte en algo sagrado, por tanto, una especie de enlace con el corazón del Universo.

El ombligo y la placenta del recién nacido se queman en la tierra. Es la metáfora que representa que uno pertenece a la tierra y que ésta es sagrada. Del mismo modo, el ser humano cuando nace debe hacerlo libre e independiente, por eso se cortan sus lazos. Al mismo tiempo, la tierra es la madre, ya que comerá de ella y acompañará sus pasos permanentemente. El lugar donde se entierra el ombligo se convierte en algo venerable. Chimel será, por tanto, la fuente de vida y de energía por siempre para Rigoberta.

Tras todas estas ceremonias, al niño se le explica que parte de la vida que le va a tocar vivir estará cargada de dolor. Los padres expresan con mucha emotividad que en ocasiones aguarda un destino lleno de sufrimiento, al que hay que saber hacer frente con todo el respeto posible. En ese momento, se solicita al niño que, como nuevo miembro de la comunidad, tiene la responsabilidad de cuidar de ella en un futuro.

El secreto de las costumbres

Es común en el mundo indígena encontrar cierto recelo a la hora de mostrar sus costumbres en profundidad. Quizá movidos por las enseñanzas que el *Popol Vuh,* uno de sus libros sagrados, transmite: *A quienes os pregunten dónde estamos, decidles lo que conocéis de nuestra presencia y no más.* O tal vez sea a causa del instinto de conservación que han desarrollado para evitar que acaben con su cultura, pero lo cierto es que el indígena ha tenido mucho cuidado a la hora de compartir los detalles de su vida social.

Una buena muestra de esto es la extraña mezcolanza surgida entre los usos cristianos que han arraigado en mayor o menor medida y las costumbres ancestrales que mantienen las comunidades indígenas de forma paralela. Por ejemplo, cuando nace un niño, el pueblo va a misa y se expresa con oraciones en la iglesia, pero antes de nada, se procede a celebrar su bautismo en la comunidad. Así, la religión católica es utilizada por el pueblo como un modo más de expresarse, pero nunca como una creencia única. Los indígenas no renuncian a sus costumbres, de hecho las conservan poniéndolas en práctica y guardándolas en secreto.

Ya comentamos que los niños forman parte de la comunidad desde incluso antes de nacer. Así, se piensa que su educación reside fundamentalmente en las enseñanzas procedentes de su pueblo. Este sentimiento de participación común se expresa de multitud de formas: una de ellas es que cuando hay una mujer embarazada no se debe comer delante salvo que se le pueda ofrecer parte de ese alimento, independientemente de que esas personas se conozcan o no. Es un signo de respeto, pero también expresa que una persona embarazada está realmente formada por dos. De ese modo, el respeto mostrado lo siente tanto la madre como el hijo que lleva dentro, que ya empieza a aprender. Desde el quinto mes, la mujer india habla con el pequeño que late en sus entrañas, le habla de su vida y del mundo, visita los lugares sagrados, le pone en contacto con la tierra y el maíz, para acostumbrarle desde su propio vientre al pacto sagrado y fértil del indio con la naturaleza.

Los niños aprenden también parte de lo que va a ser su vida cuando crecen rodeados de unos juguetes un tanto especiales. Los chicos tienen su pequeña azada, un hacha y un machete de juguete, todos los instrumentos de trabajo que necesitarán de mayores. Van al campo con los mayores y comienzan a encariñarse de la naturaleza y de las labores propias del campo. Las chicas, en cambio, tienen su pequeña tabla de lavar y juegan a hacer las cosas de casa. Desde muy niños se les alecciona en unos roles muy definidos, propios de la cultura a la que pertenecen.

La oración y el nahual

Los ruegos y peticiones, las oraciones de agradecimiento y toda clase de adoraciones están presentes en la vida diaria de los indios guatemaltecos de los que procede Rigoberta. Las madres, antes de levantarse, rezan en gratitud por el nuevo día, esperando que sea beneficioso para la comunidad. Bendicen los elementos más importantes, como la leña del fuego, porque será la que colabore en la preparación de la comida para toda la familia. Soplan sus manos antes de introducirlas en el nixtamal, la olla en la que se cuece el maíz con agua y ceniza o con agua de cal, que queda listo para ser molido y convertido después en masa para hacer tortillas. Con este gesto se persigue que el trabajo sea abundante y se repite en otras situaciones como, por ejemplo, antes de lavar. Los padres, por su parte, saludan al Sol; se quitan el sombrero y establecen una comunicación con él antes de iniciar su labor en el campo. Los niños que permanecen al lado de sus padres aprenden el sentido de estas conductas y las copian, si bien no siempre son iguales, puesto que varían dentro de cada etnia.

Existe una figura con una presencia fundamental en la cultura maya, al menos en la que creció Rigoberta; es el nahual. Ya hemos tratado anteriormente la importancia de la naturaleza en su mundo particular, pero no habíamos comentado nada acerca de este elemento, frecuentemente un animal, que le corresponde a toda persona como compañero inseparable a lo largo de su vida. El nahual nace con el niño y como su sombra le acompaña siempre. Por eso se muestra un gran respeto a los animales, porque si se mata a uno se puede estar acabando con el nahual de alguna persona.

Cada día del año tiene un animal asociado. A los miércoles, por ejemplo, les corresponde una oveja y los niños nacidos esos días suelen tener ese nahual. Así, todos los miércoles serán especiales para ese niño. Por otra parte, cada animal está asociado a un carácter o una personalidad. De ese modo, los padres saben que si el nahual de su hijo es un toro tenderá a enfadarse fácilmente, en cambio, si es un gato, le gustará pelear a menudo con sus hermanos, etc. Los indios quichés cuentan hasta diez días sagrados, cada uno con un símbolo que representa un animal. Entre ellos, además de los mencionados, hay perros, caballos, pájaros, leones e, incluso, árboles.

Rigoberta y sus compañeros no podrán conocer su nahual hasta poco antes de casarse. Por un lado, para que cuando les llegara el momento de ser padres supieran cuál corresponderá a sus hijos y, por otro, para que no se aprovecharan de su existencia para justificar actitudes infantiles. Llega un momento, cuando los niños tienen entre nueve y diez años, en el que se les regala varios animales, uno de los cuales es su nahual. Los indios quichés suelen tomar un cariño especial al animal con el que más identificados se sienten y dicen que esto sucede frecuentemente con el que les corresponde.

Es un secreto reservado a los familiares más cercanos saber cuál es el nahual de cada persona. De hecho, en la parte que nos ocupa, no tenemos modo de conocer el nahual de Rigoberta, porque ella nunca ha compartido esa información, aunque en sus textos parece demostrar alguna preferencia: *A los doce años recuerdo que mi papá me había entregado un cochito chiquito, un puerco. Me entregaron dos pollitos chiquititos también y me entregaron una ovejita, que yo tanto quiero a las ovejas.* En otra oportunidad describe a la oveja como un animal santo, el más educado que existe, que nunca daña a otro animal. ¿Será acaso la oveja el nahual de Rigoberta?

De cualquier modo, la lectura fundamental que se puede hacer de todo esto tiene que ver con una relación muy poderosa que el mundo maya establece entre el ser humano y la naturaleza. Esto es así hasta el punto de que muchos apellidos indígenas son nombres de animales.

III. ENTRE LA ALDEA Y LAS FINCAS

El trabajo de Rigoberta durante sus primeros años, como el del resto de los niños, tuvo que ver fundamentalmente con pequeñas responsabilidades. Las niñas colaboraban en tareas domésticas, llevando y trayendo agua, por ejemplo, mientras que los niños cuidaban de los animales, atándolos en el corral, vigilando a los caballos para que no se fueran lejos, etc. En todo caso, sea cual sea la labor asignada, los pequeños escuchan las explicaciones de sus mayores sobre el porqué de esas tareas. Se les explica que estas cosas se hacen para mantener las costumbres y los secretos de sus antepasados. Todo el trabajo sirve para recuperar la memoria de los ancestros.

Esto es lo relativo a la vida de Rigoberta en la aldea. La situación en la finca era, sin embargo, claramente diferente. Ya desde pequeña, Rigoberta acudía a los campos de trabajo en brazos de su madre. Cuenta que con sólo dos años la familia se vio obligada a viajar en el camión que transportaba a los indígenas a los campos. Rigoberta lloraba y se quejaba hasta la mitad del camino, cuando, exhausta, se cansaba de lamentarse en vano. El camión es uno de sus recuerdos menos agradables. Cargado con más de 40 personas, además de los diversos animales, como perros, gatos y pollos, que llevaban para su estancia en la finca, el camión arrojaba un hedor nauseabundo durante las largas jornadas de viaje. Tras más de dos noches y un día, tiempo necesario para alcanzar la costa, la suciedad acumulada por personas y animales hacía del trayecto algo insoportable. El camión, propiedad de los terratenientes, estaba cubierto por una lona que impedía la ventilación y contemplar el paisaje. Así, Rigoberta pasaba la mayor parte del trayecto intentando no marearse. Además, algunas de las personas que habían recibido su adelanto económico solían gastarlo los días previos tomando guaro, un aguardiente típico hecho a base de caña, para acabar con la incertidumbre y la pena que les suponía abandonar su hogar. Con lo cual, no eran infrecuentes las vomitonas, algo que unido a todo lo anterior hacía de este viaje un verdadero suplicio, sobre todo para la pequeña Rigoberta, que en esas fechas apenas tenía dos años.

Indígenas ladinizados

Los encargados de organizar el viaje son los caporales, una especie de contratistas a sueldo de las plantaciones que actúan como supervisores. Muchos de ellos no eran ladinos originalmente, sino personas del mismo pueblo que, tras pasar un tiempo fuera de la comunidad, habían perdido su sentido de pertenencia. A partir de ahí, adoptan posturas de rechazo a la comunidad, posturas incluso agresivas, sobre todo si venían del servicio militar. Alinearse con la posición del poderoso y mostrar el mismo desprecio a los trabajadores era su oportunidad para ser aceptados en la finca y obtener un sueldo fijo. Cuentan con la ventaja de saber hablar español, lo que les convierte en verdaderos interlocutores entre indígenas y propietarios. Según señala José Ángel Valente: *Ladino es el nombre del mestizo, pero también el del indio absorbido por los ritmos urbanos y por las estructuras alógenas. La ladinización no es sólo un proceso racial, sino un proceso socioeconómico vinculado a los dispositivos de explotación.*

Tras conocer a estos supervisores y otros personajes del estilo, Rigoberta estableció una equivalencia entre ladino y hombre malvado. Tardaría años en sustituir este esquema, sólo después de comprobar que no todos los ladinos eran malas personas.

Precisamente el hecho de desconocer el idioma hizo que en muchas ocasiones los indígenas sufrieran frecuentes abusos en sus condiciones laborales. Esto, unido a que apenas tenían oportunidad de ponerse en contacto con los terratenientes y dependieran exclusivamente de los caporales, condicionaba enormemente la vida en el campo de trabajo. Rigoberta nos cuenta en sus memorias que cuando alguien se tomaba un momento para descansar los supervisores acudían a insultarle y a presionarle para que no abandonara su puesto ni un momento. Al parecer esta situación se agudizaba cuando se trabajaba por días en lugar de por tareas. Para que no se desaprovechara ni un solo instante, los malos tratos del caporal se convertían en algo especialmente frecuente.

Las penurias de la finca

Mientras Rigoberta no tuvo edad suficiente para trabajar en la finca o, mejor dicho, no tuvo edad para ser contratada y recibir un sueldo, tenía que alimentarse de la parte que le correspondía a su madre. Como sucedía con el resto de niños de su edad, no le estaba permitido introducir en la finca un vaso y un plato propio; eran los padres los que recibían una ración para todos. Después, cuando ya entró a formar parte del equipo de trabajo, Rigoberta recibió su pequeño plato y, por tanto, su derecho a la ración de comida. Lo más común era comer tortillas o frijoles, que estaban incluidos en el régimen del campo. Cada cierto tiempo, a veces meses, recibían algún producto diferente, como por ejemplo huevos, pero siempre descontados del salario. Por otro lado, existía una cantina o bar que, por supuesto, pertenece al terrateniente, donde se expende toda clase de bebidas alcohólicas. No sólo eso, sino que también vende productos destinados a los niños, como dulces o refrescos. De ese modo, los chavales, cansados después de las duras jornadas de trabajo, con hambre o sed, les piden a los padres alguna golosina. Éstos, claro está, en ocasiones ceden, entristecidos al ver que no pueden dar a sus hijos algún capricho, y lo compran en la cantina. Sin embargo, allí no se les cobra en el momento, sino que se apunta la deuda para descontársela después. De ese modo, a la hora de recibir el pago se hacen cuentas con lo consumido en la cantina, en la farmacia, los extras de la comida, etc. Si, por ejemplo, algún niño arrancó mientras jugaba algún árbol de café también pasa factura. Eso conducía a que se creara un clima de inactividad antinatural entre los niños, ya que los padres tenían que pagar por cualquier cosa que hicieran y aumentaba su deuda. De modo que, al final, el salario, ya de por sí escaso, se reducía de forma considerable. No sólo los niños se veían afectados por esta situación; al parecer, el padre de Rigoberta se quedó sin sueldo en varias ocasiones. Acudía a la cantina para tomar guaro con el fin de sobrellevar mejor las dificultades, lo cual le llevó a perder su paga por completo en más de una ocasión. Vemos entonces cuál es el verdadero sentido de poner una cantina en las fincas y de mantener ese sistema indirecto de pago.

De los ocho a los diez años, Rigoberta trabajó en el corte de café. Más adelante, se dedicó al corte de algodón en un lugar más cercano a la costa, donde las temperaturas eran mucho más altas. En esos viajes de ida y vuelta a las fincas, Rigoberta comenzó a tomar conciencia que el dolor, el sufrimiento y el esfuerzo de los suyos para vivir no eran exclusivos de su familia, ni siquiera de su aldea, sino que afectaban a todo un pueblo, aunque las personas procedieran de diferentes lugares. Una conciencia de lucha común comenzaba a fraguarse en su mente.

También vivió entonces su primer contacto con un terrateniente. Rigoberta recuerda que con aproximadamente 12 años, siendo ya una mujer trabajadora y casi adulta, sintió miedo al ver lo grande y gordo que era. Vio, además, que llevaba reloj y zapatos, en un momento en que los suyos apenas sabían lo que era eso; los indígenas, Rigoberta incluida, solían ir descalzos.

El día que recibían la visita del patrón no había que trabajar, tan sólo acudir a una reunión en la que se escuchaban unas palabras. Ese día, eso sí, había que recuperarlo una vez terminado el mes. Eran divididos en grupos más pequeños y recibían al terrateniente, que llegaba rodeado de más de una docena de soldados. Rigoberta se quedó perpleja aquel día, no entendía cómo a un hombre tan poderoso le podían obligar a acudir a punta de fusil. Evidentemente, el séquito que le acompañaba cumplía labores de protección; la guerrilla podía estar cerca.

El terrateniente les dedicó unas palabras, en español, claro, que la madre de Rigoberta iba traduciendo como podía. Al parecer les habló de las elecciones. La joven maya ni siquiera sabía que existía un Gobierno formado por ladinos en el país. Entonces llegó la hora de votar. A los indígenas mayores de edad, entre los que estaban los padres de Rigoberta y algunos hermanos, se les indicó dónde debían marcar una raya en las papeletas. Para animarles a hacerlo, el terrateniente les indicó también que aquel que no lo hiciera dejaría de trabajar instantáneamente y se iría al final del mes sin cobrar su salario.

Un corto período de tiempo después de este episodio volvió el orondo patrón, acompañado de su mujer y de uno de sus hijos, camino de estar tan gordo como él, con buenas noticias. El presidente al que todos habían apoyado, *nuestro presidente* en palabras de algunos, había ganado las elecciones. Vicente, el padre de Rigoberta, se reía. No era *nuestro presidente,* era el presidente de los ladinos. La joven Menchú pensaba para sí que el famoso presidente debía de ser un hombre todavía más grande que aquel terrateniente, un hombre mucho más alto que lo que ella estaba acostumbrada a ver entre los indígenas de su aldea. Todas estas cosas iban conformando en ella, de la forma en la que sólo pueden hacerlo los hechos de la infancia, una especial manera de pensar. Una impronta imborrable que la acompañará siempre.

Perdida en la montaña

Una de las veces que la familia Menchú estaba de vuelta en el altiplano, varios de sus miembros cayeron enfermos. El padre de la familia sabía que no podía volver a la plantación en esas condiciones, hubiera supuesto una muerte casi segura para alguno de ellos. Rigoberta y sus hermanos mayores se dedicaron entonces durante una temporada a recoger mimbre en la montaña, que dejaban secar, pelaban y almacenaban hasta su venta, lo cual les permitía obtener un pequeño sueldo. La recolección de mimbre podía complementarse con la de hongos de la montaña o hierbas del campo para el pueblo, pero siempre en menor medida.

En esa ocasión, en el transcurso de una de las jornadas que se adentraron en el monte perdieron el sentido de la orientación. En esos parajes es fácil extraviarse, desaparece cualquier punto de referencia y sólo los perros son capaces de recuperar el camino a casa. También sirven para buscar a los animales perdidos, pero, sobre todo, actúan como guías. Lo que ocurrió fue que, después de ocho días en las montañas, Rigoberta y los demás se quedaron sin comida y empezaron a sentir hambre. El perro decidió escaparse una noche y regresar a la aldea. Los Menchú estaban en medio de la montaña, solos, en la época de lluvias y muy preocupados porque se encontraban a merced de las bestias salvajes. Caminaron durante horas, todos en línea recta abriéndose paso entre la densa vegetación, pero sin saber muy bien si estaban saliendo de las montañas o adentrándose cada vez más en ellas. Ahí fue donde Rigoberta comenzó a quedarse atrás, cansada de tanto andar. Sus hermanos, hartos de tanta queja y aburridos de mucho andar, no le hicieron mucho caso cuando escucharon sus lamentos. Finalmente, la pequeña Rigoberta se perdió.

Nos cuenta Rigoberta que permaneció cerca de siete horas llorando y gritando sin recibir respuesta, deambulando sin destino y sin saber muy bien qué hacer. Ésta fue la primera vez que se sintió completamente dueña de sus actos, responsable de lo que la pudiera pasar. Se dijo a sí misma que debía comportarse como sus hermanos y quizá fuera aquí cuando se sintió adulta por primera vez.

Al final pudieron encontrarse y reanudar la marcha. Iban cargados con todo el mimbre recogido, muy mojado y pesado ya, y únicamente comían los frutos y las raíces del bosque, por lo que cada vez se encontraban más débiles. Los vecinos, mientras tanto, estaban desquiciados. Pensaban que tendría que salir un gran grupo a buscarles por la montaña, pero finalmente no hizo falta: debían estar cerca de la aldea ya, porque el perro se percató de su presencia y corrió a buscarles al bosque. Rigoberta recuerda bien este pasaje de su vida. Recuerda que tuvieron que abandonar parte de la carga cuando llovió, porque no eran capaces de cargar con todo. Pese a todo, sus padres pudieron aprovechar parte del mimbre para prepararlo e ir a venderlo a la capital.

Visita a la capital

Nuestra protagonista y su padre siempre mantuvieron una relación singularmente cercana. Rigoberta dice que fue la niña consentida de su papá. Cuando tenía que viajar a la capital para vender el mimbre o para cualquier otra cosa, ella solía acompañarle. Esto la enseñó a sufrir junto a él los problemas del indígena en la urbe, con la sensación añadida de frustración que supone desconocer el idioma que utilizaban allí. El primero de esos problemas llegó cuando el carpintero al que se dirigieron se negó a comprar el mimbre. En Guatemala este material se emplea para confeccionar muebles, especialmente en ciudades como Antigua. Rigoberta asistía impotente a ese espectáculo, veía cómo su padre gesticulaba con ese desconocido en un idioma extraño y luego se iba con cara de preocupación. En esa ciudad inhóspita para el indígena, en la que apenas pueden desenvolverse con mínimas garantías, lograron encontrar un comprador que únicamente ofrecía la mitad de lo esperado. Pobre resultado para tan arduo trabajo.

Para Rigoberta lo peor no fue el mal negocio realizado, sino la ilusión rota de su madre cuando les vio regresar con la mitad del dinero. Después de todo lo que habían sufrido para conseguir el condenado mimbre, montó en cólera al ver lo poco para lo que había servido. Con lo cual, no les quedaba otra que regresar a la finca para seguir trabajando y ahorrar un poco más.

La primera ocasión en que Rigoberta visitó la ciudad no fue ésta. Fue cuando viajó con su padre en una camioneta de pasajeros, no de carga, diferente entonces a las empleadas para transportar animales y personas a la costa. La camioneta tenía butacas y ventanas, pero a Rigoberta le daba miedo: pensaba que iba a ser un viaje horrible, como los larguísimos trayectos hacia las plantaciones. Su padre la sostenía entre sus brazos y la tranquilizaba con un caramelo.

Rigoberta no pudo dormir en todo el recorrido entre Uspantán y Ciudad de Guatemala. No dejaba de mirar por la ventana observando los pueblos, las casas, tan diferentes a las que conocía, los paisajes... Recordemos que en los otros viajes en camioneta la lona impedía ver todas estas cosas. El trayecto discurrió entre la fascinación de una nueva mirada y el miedo que le provocaba a Rigoberta ver los barrancos tan cerca de las ruedas del camión. Cuando llegaron, esa sensación de encantamiento continuó. Los automóviles se le antojaban extraños animales que andaban por la ciudad. El permanente movimiento de personas y de coches hacia todas partes le parecía a Rigoberta un caos de elementos chocando entre sí, aunque nadie se accidentaba, al cabo. El padre de Rigoberta le enseñó desde muy joven, como vemos, la importancia de viajar y conocer otras culturas.

El objetivo que tenía la estancia en la ciudad era, además de la venta de productos, la visita a las oficinas del Instituto Nacional de Transformación Agraria (INTA). Para cualquier gestión relacionada con la tierra, ya fuera la compraventa, la introducción de nuevos campesinos en tierras que no les pertenecen, las reclamaciones sobre su propiedad, etc. había que acudir a estas oficinas. Todo aquel que recibiera una citación y no acudiera era objeto de una multa o de un castigo mayor, como el ingreso en la cárcel. Rigoberta iba aprendiendo todas estas cosas de la mano de su querido papá.

Cuando ambos entraron en las oficinas, Vicente Menchú se quitó el sombrero y saludó con cortesía. Explicó que debía mantenerse respetuosa y callada mientras durara la entrevista; muchas eran las diferencias entre ladinos e indígenas en aquel extraño lugar. De hecho, para Rigoberta ése era el país de los ladinos, un lugar en el que ella y los que eran como ella se sentían diferentes.

A partir de aquel día, Rigoberta quiso siempre acompañar a su padre a la capital, pero no siempre fue posible. Las veces que acudieron juntos, nuestra protagonista recuerda que pasaban bastante hambre. Eran tantas las oficinas que tenían que visitar, que ni tiempo les quedaba para comer, por eso en ocasiones el padre le compraba a su hija algún dulce para que pasara el rato. Fue por aquellos días cuando Rigoberta probó un helado por primera vez, una nieve, como entonces lo llamaban.

El lugar dispuesto para pernoctar era la humilde casa de un antiguo vecino emigrado a la capital, un indígena convertido en comerciante que vivía en una pequeña casa de un barrio periférico de la ciudad. Rigoberta sentía cierta lástima por los hijos de su anfitrión, niños con los que antes reía y jugaba en el campo, que ahora lloraban y preguntaban por el bosque y sus animales.

Así fue como durante más de 20 años, Vicente Menchú estuvo acudiendo a estas instancias administrativas para tratar de regular el estado de las tierras en las que vivían. Esta visita a la ciudad fue el primer contacto que tuvo Rigoberta con una de las grandes cuestiones que han ocupado su vida: la lucha por la tierra.

El trabajo en la finca

Retomando las estancias en la finca, sabemos que Rigoberta no pudo emplearse como asalariada hasta haber crecido lo suficiente. Hasta ese momento se dedicaba a ayudar a su madre, que trabajaba cargando con un hermanito pequeño de dos años. Los indígenas prefieren alargar al máximo posible el período de lactancia de sus bebés. Por esta razón, Juana Tum todavía ocupaba parte de su tiempo en dar el pecho a su hijo. Así, nuestra pequeña indígena, con aproximadamente cinco años, se dedicaba a cuidarlo para que su mamá pudiera aprovechar mejor el tiempo. También colaboraba en la labor que estuviera realizando, porque, aunque no recibiera directamente un sueldo, indirectamente contribuía a que su madre consiguiera una mayor producción.

La tarea asignada a Juana era la preparación de la comida para una cuadrilla de unos 40 trabajadores. De esa forma, se encargaba de moler, preparar el nixtamal, hacer tortillas, cocer frijoles, etc. Se preocupaba de tener el alimento listo a las tres de la madrugada para la primera comida del día y otro a las 11 de la mañana para la del mediodía. Más tarde, sobre las siete de la noche, volvía a repetir esa labor para la cena. Entremedias no podía permitirse quedarse quieta, tenía que aprovechar para trabajar en el corte de café y obtener así un dinero extra. La sensación de Rigoberta volvía a ser de impotencia al ver a su madre tan atareada y sin poder hacer gran cosa para ayudar. La Premio Nobel de la Paz, años más tarde, al recordar estos momentos de incipiente responsabilidad, ha dejado dicho que cree que fue entonces cuando empezó a nacer su conciencia.

Pronto pudo empezar a ganar un salario cuya mayor parte se destinaba a comprar medicinas para alguno de los hermanos, que caían enfermos con frecuencia. Una de esas enfermedades alcanzó a Rigoberta con seis años. Estaban de vuelta a casa, en el altiplano, después de una temporada en la finca y el cambio fue demasiado brusco para la pequeña maya. La madre de Rigoberta sufrió una enorme preocupación cuando todos pensaron que no sobreviviría.

A los ocho años, Rigoberta se convirtió en asalariada en el corte de café. La contrataron para recoger 35 libras al día. Había veces que todos habían terminado y Rigoberta seguía su tarea; todavía no era tan rápida como los demás. Cuando sus hermanos le ofrecían ayuda, ya de noche, ella solía rechazarla, pensaba que debía aprender por sí sola. Se estaba convirtiendo rápidamente en una mujer responsable.

El trabajo en el corte de café era duro. No sólo por las elevadas temperaturas y las malas condiciones de la finca (los pozos de agua estaban lejos del corte, la comida dejaba mucho que desear, no había cuartos de baño habilitados y tenían que ir a un monte común, etc.), sino por el trabajo en sí. El café puede bien cortarse o bien recogerse si, una vez maduro, ha caído solo. De estas dos posibilidades es preferible la primera: recogerlo resulta más difícil que cortarlo. En unas ocasiones hay que agitar el árbol para que caiga el grano y en otras cortar con cuidado para no dañar las ramas, especialmente si son de un ejemplar joven, puesto que ya comentamos que se tenían que pagar. Vigilando muy de cerca que todo esto no ocurriera estaban los caporales.

La paciencia que Rigoberta ha demostrado a lo largo de su vida puede tener su raíz en estas largas jornadas cortando grano de café; una paciencia y una constancia que, aunque no lo supiera, le iban a servir muchos años más tarde para recorrer los pasillos de las Naciones Unidas y muchas otras instancias oficiales en busca del reconocimiento del mundo indígena.

Hubo una segunda vez en que Rigoberta cayó enferma de gravedad. Fue con ocho años, después de esos tres primeros meses de trabajo en la finca. La familia Menchú abandonó la costa y regresó al altiplano, porque era época de sembrar la milpa, que es como denominan al maizal en América Central. Era marzo, pues, cuando Rigoberta se recuperó y comenzó a trabajar también en el campo. Allí permanecieron hasta mayo y se dirigieron otra vez a las plantaciones, en ese ir y venir constante en busca de trabajo. Corría el año 1967.

Aquella temporada la familia se separó. El cabeza de familia se fue al corte de caña en otra finca, uno de los hermanos al de algodón y el resto, Rigoberta incluida, se quedó en el de café. De ese modo, pasaban períodos de un mes o incluso de varios sin verse. Cuando se reencontraban, a veces estaban tan cansados que se volvía difícil conservar intacta la unidad familiar. Resultaba complicado atender a todos los niños, trabajar mientras tanto y guardar fuerzas para mantenerse juntos.

La situación de una mujer en Guatemala estaba, y en muchos aspectos sigue estando, enormemente condicionada por las largas jornadas laborales y la carga de, con frecuencia, una decena de hijos. Máxime cuando puede haber varios que sufren desnutrición y se encuentran débiles e hinchados. Las madres deben enfrentarse a una cruda realidad que les muestra que, de esos diez o doce hijos, habrá algunos a los que tendrá que ver morir a causa de las enfermedades y la carencia de alimento, es decir, por falta de dinero en muchas ocasiones.

La controvertida muerte de su hermano Nicolás

Uno de estos tristes sucesos afectó directamente a la familia Menchú y quedó grabado para siempre en la memoria y en el corazón de Rigoberta. De hecho, nos cuenta en sus memorias que dos hermanos fallecieron en las fincas. Al mayor de ellos, Felipe, no le llegó a conocer, porque murió cuando la madre empezó a trabajar en la plantación, en circunstancias muy dolorosas. Al parecer, los trabajadores de la finca fumigaron con productos químicos el campo mientras los indígenas hacían su labor, provocando que algunas personas resultaran intoxicadas, entre ellas ese hermano de Rigoberta. Al otro, Nicolás, el más pequeño de todos, sí le pudo conocer. Ya apareció antes: era el niño que la madre llevaba consigo mientras trabajaba. Murió de desnutrición cuando Rigoberta tenía ocho años. Estuvo un tiempo llorando sin parar, con el estómago inflamado, sin que sus padres supieran bien qué hacer con él. Recuerda Rigoberta que su madre quizá no le atendió lo suficiente, en parte porque tenía miedo de perder su trabajo en la finca. Así pasaron 15 largos días, sin que la salud del pequeño mejorara.

Las personas con las que trabajaban y convivían los Menchú procedían de muy diversos lugares. Tan sólo había dos vecinos de la aldea, el resto eran individuos de otras etnias, por lo que cada uno hablaba una lengua diferente y desconocida para la familia quiché. Los demás vecinos del pueblo estaban repartidos por las fincas cercanas. De ese modo, con toda su angustia, no sabían a quién acudir. Tampoco sabían hablar bien español, con lo cual, la comunicación con el encargado se hacía difícil. Además, tenían la sensación de que lo más probable era que les echaran de la finca si le contaban el problema. Tratar de hablar con el patrón también era harto complicado, puesto que no le conocían y siempre se ponía en contacto a través de mandos intermedios.

El pequeñín murió. Nadie sabía cómo organizar el entierro y el único entendimiento que lograban obtener con los compañeros era por medio de señas. Sólo los dos vecinos entendieron del todo la situación. Esa incomunicación impedía a Rigoberta tener amigas y establecer relaciones con otros niños. En unos barracones donde se albergaban más de 300 personas, la pequeña indígena quiché se sentía sola. Los barracones, que también se denominan galeras, estaban construidos con techos de hojas de palma o de plátano, sin embargo, carecían de paredes. En ese recinto abierto convivían personas de muy diversa índole junto con sus animales correspondientes. Pese a la cercanía física de la convivencia, el idioma y el trabajo continuo y agotador impedían en gran medida el intercambio social.

Las jornadas en la finca comenzaban muy temprano. Debido a las altas temperaturas que se alcanzan al mediodía, el trabajo empezaba sobre las tres de la mañana, cuando aún el ambiente se conserva fresco. Más adelante, cuando el calor impide continuar, hay un descanso para comer, pero de ahí en adelante se continúa trabajando hasta la noche. Esta dinámica contrasta intensamente con las costumbres sociales del pueblo quiché. Los indígenas insisten mucho en las actividades que mantienen unida a la comunidad, excepto durante las temporadas en las fincas, en las que se ven obligados a abandonarlas casi por completo. Así, aunque la gran mayoría de los trabajadores de las plantaciones son indígenas y comparten parecidas inquietudes, las barreras idiomáticas impiden que se desarrollen estos ritos y este intercambio.

El problema principal en ese momento era que la familia de Rigoberta tenía un niño muerto entre las manos y no sabía cómo organizar el entierro ni nada. El caporal, que, éste sí, hablaba su misma lengua, les indicó que si pagaban podrían enterrarlo en la finca. Aunque la mamá dijo no tener dinero, el sistema de pagos empleado en la plantación permitía aumentar su deuda. De hecho, según el caporal le hizo saber, ya debían una gran cantidad en concepto de medicinas, trabajo sin realizar, etc. con lo cual, podían verse obligados a abandonar la finca en cualquier momento.

Era imposible irse al altiplano en esas condiciones: el cadáver del pequeño empezaría a descomponerse con rapidez por la humedad y el calor de la costa. Tampoco podían quedarse en el barracón: las personas de alrededor se quejaban del ambiente que creaba el difunto niño entre ellos. De esa forma, la madre de Rigoberta tuvo que aceptar pagar al terrateniente por el entierro de su hijo, aunque le costara permanecer cerca de un mes sin ganar dinero. Finalmente colocaron al pequeño dentro de una caja que les cedió uno de los vecinos y la enterraron en la finca.

Todo esto les llevó un día, una jornada de trabajo perdido y una gran carga de tristeza y de resignación acumulada, que tuvo su precio. El caporal les fue a ver y les comunicó que debían abandonar el lugar porque habían dejado de trabajar. En condiciones normales, cuando el asalariado termina su temporada en el campo, las mismas personas que se encargaban del transporte a la ida les dejaban de vuelta en sus lugares de origen. No así cuando eran expulsados. Ahora, la madre de Rigoberta y el resto de hermanos no tenían forma de encontrar al padre, que estaba en alguna otra finca, o de regresar a su casa en el altiplano. Una tragedia.

Fueron los vecinos de la aldea los que lograron sacarles del apuro. Con el escaso dinero que consiguieron reunir entre todos se decidieron a acompañarles, aunque todavía no hubiera acabado su trabajo en la finca. Así, después de 15 días, consiguieron llegar a la aldea. Allí pudieron pagarles el favor con el dinero obtenido por el padre de Rigoberta y otros hermanos en su trabajo en otras plantaciones. Ellos no sabían nada de lo sucedido y el reencuentro fue muy duro. Rigoberta pensaba que tal vez a ella también le esperaba una vida así, con muchos hijos y mucha impotencia y dolor por delante; tal vez incluso ver cómo se te muere entre las manos el fruto de tus entrañas sin que puedas hacer nada por evitarlo.

Hemos llegado a uno de los puntos más criticados del relato que hace Rigoberta de su propia vida. David Stoll recoge en sus publicaciones el producto de más de diez años de investigación según las cuales ésta sería una de las experiencias que Rigoberta nunca vivió. Este antropólogo estadounidense defiende que la autobiografía de Rigoberta Menchú, según sus palabras, *no es el relato de un testigo de los hechos, como pretende ser*. Según su versión, nunca habría existido ningún hermano menor de Rigoberta que muriera por desnutrición. Nicolás Menchú es, en realidad, diez años mayor que su hermana y actualmente vive en San Miguel Uspantán. En las entrevistas realizadas, el propio sujeto de debate lo explica: *Dos de mis hermanos murieron de hambre y enfermedades, pero no los conocí porque fallecieron mucho antes de que yo naciera*. La protagonista se defiende de estas acusaciones indicando que tuvo dos hermanos con este nombre, pues entre las familias mayas es frecuente que los nombres se repitan hasta dos y tres veces. Más adelante seguiremos analizando diversos episodios polémicos tratando de arrojar algo de luz a todas estas cuestiones.

Continuando con las aventuras en los campos de trabajo, el tiempo iba pasando y la joven maya crecía. Ya tenía nueve años y en las fincas hacía un trabajo más intenso por el que recibía un sueldo mayor.

En las oficinas de las plantaciones había una báscula con la que controlaban la producción. Los Menchú descubrieron que el peso estaba trucado para dar menos de lo que realmente había; un engaño más de los muchos a los que se veían sometidos. Empezaron a ser conscientes de que, desde el primer momento en que un trabajador entraba en contacto con estas empresas, perdía dinero por todo: por el transporte, en el control del trabajo, por el peso de su recolección, en la cantina, por la comida extra… Miles de detalles que iban recortando el sueldo del empleado hasta hacerlo desaparecer casi por completo. No era infrecuente que algunas familias volvieran a casa después de una temporada entera trabajando sin haber conseguido nada de dinero.

La vida en la aldea

Un año después, con diez cumplidos, Rigoberta empezó a trabajar también en el altiplano. Acompañada de su padre, la joven maya desempeñaba labores del campo con mucha soltura: trabajaba con el azadón, con el machete, cortaba leña, acarreaba agua… En la aldea, los campos no estaban cerca de las fuentes. Había que recorrer unos cuatro kilómetros para encontrarlas y eso hacía más difícil la labor. De cualquier modo, la familia estaba contenta allí, porque sabían que era su tierra y su trabajo. Muchas veces, con el maíz obtenido en su cosecha les alcanzaba para comer. Si no, echaban mano de las hierbas del campo o de cualquier otra cosa que les permitiera no tener que volver a las fincas. En ocasiones, la tierra también brindaba frijol, ayote (una planta cuyo fruto es una especie de calabaza pequeña) y chilacayote (una variedad de sandía, cuya carne jugosa, blanca y fibrosa después de cocida se parece a una cabellera enredada, con la que se hace el cabello de ángel). Realmente, el frijol apenas se consumía, porque la mayor parte de las veces era vendido para poder comprar jabón, sal y chile, que sí se utilizaba con frecuencia. De hecho, el chile forma parte de la dieta diaria de los indígenas quichés. El frijol se vende también para comprar medicinas, puesto que éstas no se pueden obtener de otro modo. En tales actividades mercantiles los indígenas dependen de los comerciantes, que muchas veces pagan por debajo del precio real. Para transportar el frijol se suelen emplear caballos, pero no todos los vecinos disponen de uno. En estos casos, hay que llevar toda la carga a cuestas. Hay veces, cuando se tiene la necesidad de comprar muchos productos, que es preciso vender también maíz. Normalmente sólo uno o dos vecinos van al pueblo cada vez a negociar. Así, la noche anterior recorren todas las casas de la aldea preguntando a los vecinos qué les hace falta, para hacer una compra común.

La vida en la aldea era más agradable que en la finca, pero las horas de trabajo eran casi las mismas. Hombres y mujeres se levantaban a las tres de la mañana: ellos para preparar sus herramientas para el campo y ellas para organizar la casa. A esas horas es de noche todavía y el único modo de alumbrarse, dado que no hay electricidad, es gracias al ocote, una especie de pino rojo muy resinoso que quema con facilidad. Había que lavar el nixtamal, hacer la masa y poner el fuego, tareas que se repartían entre las cuatro mujeres de la casa, una de las cuales, claro está, era Rigoberta.

A partir de las cinco o cinco y media de la mañana salen los hombres al campo y algunas mujeres los acompañan. Podían juntarse 20 o 30 personas llamándose a voces unas a otras por la aldea. El resto de las mujeres se quedaban en casa, sobre todo aquellas que tenían niños a su cargo, preparando más comida o dando de comer a los animales. También aprovechan para fabricar tejidos, ropa como camisas o huipiles, esas prendas características de vivos colores. Si se aburren o terminan estas tareas, en ocasiones cargan con sus niños a la espalda y acuden también a trabajar al campo con los demás. Así hasta las seis de la tarde, que es cuando se regresa a las casas para comer. Por la tarde se dedican a las tareas propias de la casa, como cuidar de los animales o adelantar trabajo para el día siguiente. De noche, los indígenas se reúnen para cantar canciones y a los niños les acuestan los primeros. En torno a las diez o diez y media de la noche se van a dormir.

La vivienda donde vivía Rigoberta en la aldea de su infancia era, como no podía ser de otra manera, muy humilde. Estaba construida a base de varas de caña, unos palos rectos recogidos del campo y atados con cuerda. El techo se levantaba con una hoja de palma de la montaña que ellos llaman *pamac*.

Hay otras casas más sofisticadas entre los indígenas que están hechas de hojas de caña, pero abundan menos porque se encuentran lejos, cerca de las fincas. Así, la pequeña casa donde vivían estaba hecha de hojas de palma, que duran cerca de dos años. De ese modo, se tenía que volver a levantar una casa nueva cada cierto tiempo. Rigoberta recuerda que tardaban en construirla cerca de 15 días.

Estas viviendas no eran muy altas, para que estuvieran protegidas del viento, y se sostenían sin clavos. Tan sólo empleaban cuerdas, clavaban palos en la tierra y aprovechaban los árboles como apoyos principales. Solían tener dos pisos: uno, el superior, para guardar las mazorcas de maíz, y otro donde dormía la familia. Rigoberta, como los demás, descansaba en el suelo porque no había mantas ni colchones, tan sólo un petate que servía de almohada. En el altiplano de Guatemala, a diferencia de las cálidas noches de la costa, las madrugadas son frías y el aire entra dentro de las cabañas, pero hubieron de acostumbrarse a esas condiciones. La familia dormía en un mismo espacio: padre, madre y hermanos con sus mujeres si las hubiera. Los hermanos se colocaban en fila y se tapaban con la ropa de las mujeres. En esas condiciones, la intimidad entre las parejas no existe, por lo que Rigoberta recuerda que el sexo se convirtió en algo conocido desde pequeña.

Las ceremonias sociales

A los diez años, la joven quiché se inició en su vida de adulto gracias a la ceremonia que le brindó la comunidad. Realmente, tampoco había mucha necesidad de explicaciones porque Rigoberta ya sabía cómo era la existencia de los mayores después de haber crecido al lado de su madre. Era la constatación formal de que la vida que le esperaba estaba, efectivamente, repleta de trabajo y de sufrimiento, pero también de mucha gratitud por parte de sus seres más queridos.

Por otra parte, se le hablaba de su situación como mujer: iba a tener la menstruación y, a partir de ese momento, la capacidad de tener hijos. En la cultura indígena las mujeres deben ser madres, aunque a Rigoberta le explican que aún es pronto para ella. Primero tiene que aprender a ser independiente y a mantener una dignidad. Se le puso el ejemplo de las mujeres ladinas, que se van con hombres sin permiso de los padres. Los indígenas, como comunidad, se deben a las costumbres de sus antepasados y éstas dicen que hay que ser respetuosos. Una forma de respeto bastante especial, como ahora veremos.

Las mujeres deben permanecer bajo la supervisión de sus padres, hasta el punto de que pueden ser rechazadas si han pasado una temporada larga fuera de la comunidad y se desconoce dónde y con quién han estado. Esta sospecha desaparece en gran medida si sus padres aseguran que continúa siendo virgen. En el mismo sentido, una pareja sufre cierto desdén por parte del resto de la comunidad si no es capaz de tener descendencia. Además, consideran que utilizar fármacos o plantas para evitar la concepción equivale a matar a los hijos. Es consecuente con su ancestral principio de amar a todo lo que existe; sin embargo, puede provocar la paradoja de dar vida a un hijo sin tener unos mínimos recursos para mantenerlo y tener que ver después cómo se muere de hambre. Rigoberta es capaz de ser crítica con éstas y muchas otras cosas, tal y como explica en sus textos, pero entiende también que forman parte de una cultura milenaria de respeto por la naturaleza y, como tal, merece cierta tolerancia.

Por último, como se repite en cada ceremonia compartida, se le explicó la importancia de la vida en comunidad, la responsabilidad que conlleva saber que todo el pueblo cuida de uno y el respeto que se debe guardar. En ese instante, se pasa de ser una niña a ser una mujer. Y con ese gesto, el nuevo adulto debe comprometerse a hacer algo concreto por la comunidad.

Rigoberta tenía el ejemplo de su padre, que era catequista católico. Durante su juventud, Vicente creció siendo chajinel, algo así como el sacristán de la iglesia. Se encargaba de poner las velas, las flores, vestir a los santos, quemar el pom y todo lo relacionado con la preparación de la liturgia. Era un firme seguidor de la Biblia y enseñó a sus hijos a vivir con un compromiso, en este caso cristiano, con la comunidad. Además, desempeñaba el papel de hombre importante del pueblo, un comunicador que siempre intervenía en las reuniones, razón por la cual Rigoberta quiso ayudar a su gente de un modo similar.

En aquel tiempo ya existía una mezcla de los principios católicos con la cultura indígena, como demostraba, sin ir más lejos, la convivencia de creencias en la casa de los Menchú, donde su madre conservaba creencias tradicionales de su pueblo maya y su padre había adoptado el credo cristiano. De ese modo, nuestra protagonista eligió ser catequista, una manera de poder pasar por las casas y trabajar con los niños. Nuestro personaje dice haber sido una catequista que sabe caminar sobre la tierra, no una que sólo piensa en el reino de Dios.

Otro de los ritos típicos de la comunidad quiché tiene lugar cuando una persona cumple los 12 años de edad. Rigoberta recibió un cerdito, un par de pollos y una pequeña oveja para que se hiciera cargo de ellos. Que los animales crecieran bien y se multiplicaran de forma numerosa dependía, sobre todo, del cariño que ella les supiera dar y de lo presente que tuviera el respeto al regalo de sus padres. Así, desde aquel momento, nadie debía tomar decisiones sobre esos animalitos sin el permiso expreso de su dueña. De algún modo, es un paso más hacia la madurez: los niños quichés, ya adultos para su comunidad, no sólo deben saber cuidar de sí mismos, sino también de los demás. Ella recuerda este instante como de gran felicidad. Hubo una fiesta para celebrarlo y comieron carne, algo poco frecuente que se reserva para las grandes ocasiones.

Tiempo más tarde, el pequeño cerdo creció y tuvo cinco más. A partir de entonces, Rigoberta hubo de prolongar su jornada laboral cuando llegaba a casa. Después de volver del campo, sobre las seis o las siete de la tarde, preparaba las cosas de casa y buscaba un hueco para tejer a la luz del ocote. Con el dinero obtenido de las piezas tejidas, podía comprar maíz u otro alimento para los cerditos. Cuando consiguió que varios de ellos crecieran lo suficiente, tras siete meses de cría, los vendió con el fin de mantener a la madre de los puercos y que pudiera tener más. También se pudo comprar un corte, esa especie de falda de diversos colores que utilizan las mujeres en Guatemala, e hilo y otros instrumentos para tejer huipiles, sus blusas típicas. El caso es que Rigoberta mostraba bastante destreza con los animales. El regalo que había recibido a los 12 años había sido tratado con cariño y había demostrado suficiente responsabilidad como para que sus padres se sintieran orgullosos.

Años después es cuando pueden desarrollarse las ceremonias relativas al matrimonio. Son varios ritos que se prolongan durante meses, a veces incluso años. Las familias de los novios deben conocerse, mantener varias charlas con ellos y con la comunidad, en una vigilancia constante de la conservación de las costumbres. Si, después de todo, la relación progresa y se decide que haya un casamiento, entonces comienzan las fiestas, que se celebraran en días señalados, sagrados para los novios. En estos festejos hay presente gran cantidad de comida y alcohol que traen las familias. Hay dos tipos de bebidas representativas en la tradición indígena quiché. Una es el guaro, un licor muy fuerte, más todavía que el ron, obtenido a partir de la fermentación del maíz, del trigo, del arroz, de la caña o, incluso, del salvado de la comida de los caballos; la otra es como un vino suave, de gusto algo dulce. Se tratan ambos de brebajes fabricados de manera clandestina. Ésta práctica está ilegalizada por el Gobierno porque su producción en el monte tiene lugar de forma artesanal, en troncos de madera y ollas de barro, a muy bajo precio. No les interesa que desaparezca el lucrativo negocio de las cantinas.

Uno de los aspectos más llamativos de esta ceremonia es la afirmación común de su ser indígena. Especialmente, en la parte en la que se afirma la voluntad de continuar con las costumbres de los antepasados, cuando los oradores se remontan al comienzo de la colonización, con palabras y sentimientos muy vivos que Rigoberta comparte con nosotros en sus memorias:

> *Nuestros padres fueron violados por los blancos, los pecadores, los asesinos. Nuestros antepasados murieron de hambre porque no les pagaron. Nosotros queremos matar y acabar con esos ejemplos malos que nos vinieron a enseñar y que si no hubiera habido esto, estaríamos juntos, estaríamos iguales y así no sufrirían nuestros hijos ni habría necesidad de que nosotros tuviéramos un mojón de tierra. Trataremos de defender los derechos de nuestros antepasados hasta lo último y nos comprometemos a que nuestros antepasados van a seguir viviendo con nuestros hijos y que ni un rico ni un finquero pueda acabar con nuestros hijos.*

Rigoberta explica que los indígenas mayas son testigos de su pasado, que las generaciones anteriores no sabían matar, que ahora la vida no se respeta, que su gente se muere joven. Sus antepasados vivían largo tiempo, hasta alcanzar más de cien años, en no pocas ocasiones. Ahora, en cambio, con frecuencia no sobrepasan los 30 o los 40; muchos no alcanzan la esperanza de vida media del país. De igual modo, dice, en la actualidad muchos indígenas han aprendido a matar y los responsables son los blancos, por haberles forzado a adoptar unas condiciones de vida que nada tienen que ver con sus costumbres originales. Desde este punto de vista, poco espacio queda para sentir la más mínima alegría por la colonización, sin duda.

Aquí se tocaban muchos otros aspectos, como la cantidad de cultivos que tenían antes, el tabaco y el cacao entre ellos, y que ahora no pueden desarrollar. Recuerdan con orgullo en las reuniones la confección de productos típicos, como las bebidas y las tortillas, o el empleo de utensilios domésticos, fabricados por ellos mismos, como las ollas de barro, pues hasta para prender los cigarros utilizan piedrecitas en lugar de encendedores. Toda una reivindicación de sus raíces. En contraste, enseñan una muestra de todas aquellas cosas impropias de su cultura, como bebidas gaseosas, pan comprado en el mercado, velas de fabricación industrial, etc., como ejemplo de lo que supone un escándalo y algo merecedor de rechazo para el indígena.

Recuerdan que, en tiempos, el maíz daba para todos porque había reyes que distribuían bien la riqueza y mantenían al pueblo unido, mientras que ahora están escindidos en comunidades pobres y separadas entre sí, hablando en muchas ocasiones diferentes lenguas y gobernados por unos políticos que les resultan por completo ajenos. Los más mayores de la comunidad aprovechan para dar rienda suelta a varias vidas de injusticias y dolor.

Mientras todas estas cuestiones se explican durante las ceremonias, se sirven licores y todos brindan. Beben el brebaje sagrado que fabrican desde tiempos inmemoriales, aunque ahora se lo hayan prohibido hacer. Es una forma de recuperar su autonomía como pueblo y de reafirmar la conciencia del grupo.

Quizá tras comprobar estas circunstancias, un tanto reivindicativas y algo cargadas de crispación, cobre más valor el mensaje de diálogo y tolerancia que emitirá Rigoberta años más tarde. En todo caso, eso no impide que la firme voluntad de justicia siga estando siempre presente.

La Premio Nobel recuerda que los días de recogida del maíz eran días de felicidad. La cosecha venía precedida de una fiesta, aunque había una ceremonia anterior en la que se pedía permiso a la tierra para recibir el cultivo. En ella se formulaban oraciones, se encendían velas y se quemaba el pom, aquella sustancia similar al incienso, de intenso valor espiritual para los mayas. Las semillas que se van a enterrar son elegidas cuidadosamente y se marca el lugar para que ninguna persona o animal interfiera en su crecimiento. La simiente es algo puro para la cultura indígena porque va a dar de comer a toda la comunidad. A su vez, la tierra es algo sagrado y a ella se dirigen los integrantes del pueblo antes de la siembra, prometiendo que nunca se desperdiciará esa comida. Al día siguiente, el maíz, el frijol, el chilacayote y la papa entran en la tierra en una jornada festiva para todos. Durante las siguientes, algunos vecinos se quedan vigilando todo el día para que los animales, sobre todo las taltuzas, unos roedores que viven bajo tierra, los mapaches y las ardillas, además de los pájaros por la noche, no se coman las semillas recién plantadas. Mucho tiempo después, cuando las plantas han crecido, tiene lugar la cosecha. Rigoberta se refiere a la recolección del maíz como la tapisca, tal y como se denomina en toda América Central. La fiesta de la cosecha se realiza en torno a la comida común del pueblo, en agradecimiento a la tierra que mantiene viva a la comunidad.

La influencia cristiana

La educación religiosa que recibió Rigoberta durante todos estos años procedió de una doble fuente: por una parte, de las costumbres propias de la comunidad que le vio crecer y, por otra, de la formación católica heredada del colonialismo y aceptada e integrada parcialmente por los indígenas.

La religión católica estaba instaurada en la región, aunque no de forma muy intensa. La Acción Católica fue una asociación formada a mediados del siglo pasado en los pueblos del altiplano por Monseñor Rafael González, con el objetivo de organizar y mantener bajo control a las congregaciones indígenas. Así, el cura solía visitar la comunidad cada tres meses y les llevaba documentos de enseñanza. El pensamiento católico se introdujo con facilidad en la cultura indígena porque no sustituyó las creencias originales mayas, sino que añadió un nuevo modo de vivir su espiritualidad, una nueva manera de expresarse. Además, tenía la ventaja de reafirmar a los creyentes en su idea de un Dios único, padre de todos.

Se planteaban, eso sí, algunos problemas con la lengua. Los indígenas rezaban en su propio idioma, pero las oraciones formuladas en el mundo cristiano eran, al principio, en latín y, después, en español. Esto suponía una dificultad importante, ya que los indígenas no sólo tenían que aprender la doctrina, sino que estaban obligados a memorizar las oraciones y los cantos. Rigoberta explica que, aunque no supieran muchas veces su significado exacto, la fe y el sentimiento con el que se dirigían a la divinidad eran lo verdaderamente importante. Una de las tareas que le encomendaban las familias como catequista era que acudiera a orar a las casas. Rigoberta se aprendió de memoria el rosario y a veces la llamaban para rezarlo en los cumpleaños de los niños o en las casas de los enfermos. Ésa era parte de su misión. Otro cometido era aprender a tocar algunos instrumentos típicos, como el tun, una especie de tambor de madera hueca; la chirimía, un instrumento de viento parecido al clarinete, con diez agujeros y boquilla con lengüeta de caña, etc. Con ellos, Rigoberta podía practicar todos los lunes junto a sus hermanos los cantos católicos, otra forma de oración. El trabajo como catequista le permitió iniciarse un poco en la lectura y la escritura.

Hay que recordar que tal vez ésta fuera su única escuela, ya que, según ha dejado dicho nuestra protagonista, anteriormente nunca había recibido educación formal. Ella defiende que se crió analfabeta y que con diez años lo seguía siendo. Decimos tal vez porque, según otras fuentes, las monjas belgas de la orden de la Sagrada Familia han dado una versión contraria. Estas religiosas visitaban frecuentemente el pueblo de los padres de Rigoberta y han reconocido que trataron de llevar a una niña tan despierta a la escuela. Efectivamente, según su testimonio, habría estado internada en un colegio privado de Chichicastenango, desde los cinco a los ocho años de edad.

Cuando estalló el escándalo acerca de las inexactitudes de su autobiografía, Rigoberta reconoció haber sido alfabetizada fuera del curso normal, después de terminar su trabajo como sirvienta en el centro, dos veces a la semana, durante tres horas al día. Si no citó este dato fue, según sus declaraciones públicas, para proteger a las monjas que lo gestionaban. En resumen, aunque Rigoberta pudiera haber acudido a algún centro escolar, no tuvo una educación reglada al uso. Parece que su formación y su cultura proceden, dejando de lado ayudas puntuales, del entorno familiar y de sus inquietudes autodidactas.

Aparte de la influencia católica, hay que señalar que Rigoberta se crió en comunión con la naturaleza. A diferencia de los niños ladinos de Guatemala, ella se mantuvo en contacto estrecho con el medio ambiente desde bien pequeña. Aprendió a sentir un respeto especial por el agua, la tierra o el sol. Hay quien dice que los indígenas son politeístas porque guardan reverencia a estos elementos, pero Rigoberta siempre defiende que realmente se trata de un respeto ancestral. Lo cierto es que desde pequeña recibió la enseñanza de que la naturaleza es algo sagrado que hay que cuidar. De hecho, un elemento central de la concepción de la vida indígena es el maíz. No sólo porque supone su alimento básico y porque lo tienen como un producto sagrado de la naturaleza, sino porque consideran que es el elemento esencial.

El maíz

El maíz es un pilar central de la cultura maya. Ya desde bien pequeño, el niño se alimenta de maíz, al igual que su madre, que come maíz antes de que él nazca. Un Premio Nobel de literatura guatemalteco, Miguel Ángel Asturias, tituló así una de sus libros más célebres: *Hombres de maíz,* una obra muy presente en el conjunto de valores de nuestra protagonista. Según sus propias palabras: *Nosotros los indígenas estamos hechos de maíz. Estamos hechos del maíz blanco y del maíz amarillo, según nuestros antepasados.* O bien, tomando las del hermoso texto de Miguel Ángel Asturias: *Tierra desnuda, tierra des-*

pierta, tierra maicera con sueño [...] tierra maicera bañada por los ríos [...] de agua verde en el desvelo de las selvas sacrificadas por el maíz hecho hombre sembrador de maíz.

Ya vimos que, además del maíz, había otros elementos sagrados para los indígenas. Uno de ellos es el agua, un elemento limpio y puro, una fuerza que da vida al ser humano, al igual que la tierra y sus productos, todos ellos dignos de respeto y sujetos de devoción. Rigoberta, como el resto de su familia y amigos, se alimentaba de los frutos del campo, pero, sin embargo, nunca comía productos industriales. Las oraciones enviadas a todos estos elementos son similares a las que ya conocemos del culto católico. Se dirigen igualmente al Padre y a la Madre de todos nosotros, en los siguientes términos:

> *Diez días que tenemos que estar en culto para que nos concedas el permiso de que tú, madre tierra, que eres sagrada, nos tienes que dar de comer, nos tienes que dar todo lo que nuestros hijos necesiten. Y que no abusamos de ti sino que te pedimos ese permiso, ya que eres parte de la naturaleza y eres miembro de nuestros padres, de nuestros abuelos. Y te respetamos y te queremos y que tú nos quieras como nosotros te queremos.*

Tiempos de crisis

A medida que pasaba el tiempo, nuevas preocupaciones crecían en el alma de Rigoberta. Ya comenzaba a haber reuniones en la comunidad para tratar el tema de las tierras, puesto que fue entonces cuando se iniciaron las campañas de apropiación por parte del Gobierno y los terratenientes. Pero hubo un hecho que caló hondo en su ánimo por aquellas fechas. A la finca ya viajaban los vecinos en grupo; la comunidad era más grande y estaba más unida, la familia no iba sola, como antes. En uno de aquellos viajes, una de sus amigas, catequista como ella, enfermó gravemente debido a la fumigación del algodón. La intoxicación le produjo la muerte poco tiempo después. Este suceso destrozó moralmente a Rigoberta. Se preguntaba qué le esperaba a ella en la vida cuando fuera más mayor. Pensaba en la niñez, en todo lo pasado, en su madre llorando en casa o en el trabajo. Súbitamente, fue consciente de todo el sufrimiento que le rodeaba. Se hicieron cristalinas las palabras de esa amiga muerta, cuando le comentaba que no quería tener hijos para evitar verlos morir desnutridos o enfermos. La joven quiché se dijo a sí misma que tampoco se casaría, ni tendría hijos, ni bajaría a trabajar más a la finca. Había terminado odiando la plantación, un lugar horrible porque ya había visto morir a un hermano por falta de alimento y a una amiga intoxicada. De repente, era como si la vida no tuviera salida alguna. La impotencia la embargaba.

En esa etapa de crisis, Rigoberta se acercó a buscar consuelo en los curas de su aldea. Cierto es que todavía no sabía hablar español, pero siempre los había visto como gente bondadosa. Ante las dificultades para expresarse, pensó que tal vez si supiera leer y escribir algo dentro de ella cambiaría. Sin embargo, sus padres no podían ofrecerle esa formación. Además, tampoco veían con buenos ojos que su hija se fuera a estudiar lejos de su compañía, creían que eso sólo la conduciría a renegar de su cultura y sus costumbres. En cambio, Rigoberta sólo contestaba una cosa: yo quiero aprender.

Sirvienta de ladinos

La última ocasión en que bajaron a la finca a trabajar, uno de los supervisores le propuso quedarse como sirvienta, pero ella, siguiendo el consejo de su padre, rechazó el ofrecimiento. Puestos a sufrir, sería mejor sufrir juntos, decía él. Su hermana, no obstante, sí aceptó la oferta y se marchó. El disgusto para sus padres fue mayúsculo; nunca habían querido que una de sus hijas terminara siendo pisoteada por ladinos ricos en una casa. Sin embargo, esto no detuvo a Rigoberta. Cuando su padre volvió de visitar a su hermana le preguntó cómo se encontraba. Él contestó que bien, pero que sufría mucho porque trabajaba muy duro y nadie la tenía en consideración. Pese a eso, Rigoberta sentía que su hermana podía considerarse afortunada por tener la oportunidad de aprender fuera de casa. A los pocos meses, su hermana regresó diciendo que jamás volvería a trabajar en la casa de un rico. Sin embargo, para sorpresa de todos, con tan solo 13 años, la valiente maya no se amedrentó y se fue de sirvienta a la capital.

El aspecto de Rigoberta al llegar a la ciudad era bastante desastroso. Como trabajadora de la finca recién llegada, llevaba su ropa muy sucia y vieja. Todavía no conocía lo que era llevar un par de zapatos, lo cual da una muestra de la sencillez de su vida.

En la casa de destino, una señora fue a recibirla. Conoció a su compañera de servicio, encargada de la comida. Vestía ropa ladina y hablaba español. Sin embargo, no entendió mucho, salvo que se haría cargo de la limpieza. Años escuchando a los caporales le habían permitido aprender un poquito de español, pero todavía no sabía decir gran cosa. La recepción fue de lo más fría; tanto la señora como la compañera se dirigían a ella con una actitud indiferente. A la hora de la cena sintió la punzada de la rabia; a eso debió referirse su hermana cuando hablaba de las injusticias que tenía que soportar en las casas de los ricos. El plato de Rigoberta estaba compuesto por unos frijoles y unas tortillas bastante duras. Mientras las comía, en el suelo pudo ver al perro de la familia; era un ejemplar grande, blanco, bastante gordo y lustroso. En su plato estaban los restos de la cena de los señores, esto es, carne, arroz y otra comida suculenta. A nuestra protagonista se le revolvieron las tripas: ni la comida del perro le daban. Sintió todo el peso de la marginación caer sobre su ánimo.

Los horarios en la casa de los ricos eran muy diferentes a los suyos. Las sirvientas se levantaban a las siete o a las ocho de la mañana, cuatro o cinco horas después de lo que ella estaba acostumbrada a hacer en el altiplano o en las fincas, con lo cual, se pasaba largas horas con los ojos abiertos en la cama pensando. Comenzó a conocer mejor a la compañera indígena. Por llevar más tiempo en la casa, estaba mejor vestida y hablaba mejor español, lo cual le permitía comer los restos de la comida de los señores. Siempre que podía los compartía con ella. Se levantaban a las siete y se ponían recoger los trastos de la casa. Una de las veces, la señora recriminó a Rigoberta lo sucia que iba y le mandó barrer el patio y las plantas. No le permitía tocar las cosas de la casa mientras tuviera ese aspecto tan desaliñado. De hecho, llegó a amenazarla con echarla a la calle si no se adecentaba bien y eso la llenaba de pánico, porque no sabía adónde ir ni qué hacer. Las pocas veces que visitó la ciudad iba en compañía de su padre, pasando por calles desconocidas en busca de oficinas y papeles que quedaban fuera de su alcance.

Las raíces de la marginación

Estas dos cuestiones, idioma y aspecto, son básicas para entender una parte de la marginación a la que están sometidos los indígenas. Hay cosas de las que uno no puede escapar y entre ellas está la lengua que habla y la imagen que muestra. Ya hemos ido viendo que las clases dominantes en Guatemala hablan español y los indígenas, en su mayoría, lo desconocen porque en su medio se comunican a través de idiomas autóctonos. Eso favorece el engaño y el abuso, sobre todo en el trabajo, como bien aprendió Rigoberta durante sus años en la finca. Ahora volvía a sentir algo parecido.

Por otra parte, ya comentamos que los indígenas suelen dormir con la misma ropa que utilizan para trabajar. Ésta ha sido una de las razones por las que más se les ha criticado. Rigoberta se defiende alegando que no es una elección del pueblo en el que se crió, sino una obligación impuesta por las circunstancias que les ha tocado vivir. La comunidad nunca tuvo grandes medios para conseguir jabón o diferentes ropas, ni mucho tiempo para dedicarlo al aseo personal. Lo que desde nuestro punto de vista puede parecer una necesidad básica para ellos resulta secundario, sobre todo cuando conocemos más de cerca las dificultades que tienen para obtener productos de primera necesidad.

En esa situación de incomprensión se encontraba Rigoberta cuando la señora la llamó para hablarle de su aspecto. Le iba a adelantar dos meses de su sueldo para que pudiera comprarse un huipil, un corte y unos zapatos nuevos. Decía sentir vergüenza a causa de su aspecto, especialmente si recibía visitas que pudieran verla así. Rigoberta no decía nada, fundamentalmente porque no sabía hablar español, pero estaba comprendiendo lo que la señora le quería transmitir. De hecho, ni siquiera iba a poder elegir su ropa nueva, ya que la señora no estaba dispuesta a pasar vergüenza llevándola consigo al mercado. Todo la indignación y el malestar que Rigoberta no podía explicar con palabras pasaba por su mente. Se preguntaba qué sería de esa señora si tuviera que ir a trabajar a las montañas como su madre. Pero bueno, poco podía hacerse más que esperar. Esperar a aprender a hablar el idioma de los ladinos, esperar a poder defenderse.

La señora volvió con un corte barato y un huipil sencillo. De los zapatos ni rastro porque, según el ama, no había alcanzado el dinero para tanto. Rigoberta rasgó el corte en dos para tener con qué cambiarse y, como sabía bordar, cosió una blusa con una manta que le dio su compañera. La señora le mandó bañarse y vestirse con su ropa nueva antes de comenzar a trabajar. La primera tarea que le encomendó fue hacer la cama, pero no tenía mucha experiencia en estas labores del hogar y tuvo que repetirla después de la regañina del ama. La compañera de Rigoberta le enseñaba a limpiar el suelo y los cacharros como nunca antes lo había hecho. Comprendió entonces lo que le decía su abuelo sobre los ricos, aquello de que hasta sus baños brillan. Las enormes diferencias en el estilo de vida empezaban a hacerse patentes.

La única labor que le satisfacía algo en aquella casa era el cuidado del jardín. De algún modo, se sentía más cerca de los suyos sembrando la tierra y viendo que aquello se le daba realmente bien. Poco a poco, fue mejorando su trabajo en el hogar, hasta el punto de hacer las tareas con rapidez, pero de todas formas pasó los dos primeros meses sin ver un centavo para pagar la ropa que vestía.

El fin de semana tenía tiempo libre. Rigoberta no sabía muy bien qué hacer, por lo que solía quedarse en casa. A la señora no le gustaba nada ver a las sirvientas sin trabajar, así que las mandaba a pasar la noche fuera. Nuestra protagonista explica que ésta podía ser una forma de iniciar a las indígenas en la prostitución. Sin embargo, ella tuvo la suerte de poder quedarse en la casa de unas amigas de su compañera. Al día siguiente, el domingo, solían ir a bailar, a disfrutar del ocio de las chicas jóvenes en la capital.

No obstante, el lunes todo volvía de nuevo a ser igual. Los hijos de la señora también mostraban muy poco respeto por las sirvientas. Rigoberta iba recogiendo todo lo que tiraban, en muchas ocasiones delante de ella, aguantando sus gritos y sus desplantes. Cuando la señora se ausentaba, esto se hacía especialmente evidente. A su regreso, las peleas estaban aseguradas, fuera cual fuera el motivo: cosas fuera de su sitio, polvo en algún lugar, cualquier problema con las plantas, etc. Únicamente descansaban cuando la señora se dormía. En ocasiones ni eso, porque el padre, los hijos o la señora podían ponerse a gritar desde la cama pidiendo cualquier cosa.

Aburridas y cansadas de tanta agresividad, llegó un momento en que la compañera y ella decidieron cambiar de actitud y elaborar un plan. Cuantos más gritos recibieran, peor harían las cosas, para que a la señora no le mereciera la pena montar esos escándalos. Rigoberta observó que parte del rechazo que la señora sentía por su amiga procedía del rechazo a acostarse con sus hijos. Era costumbre que los hijos de las familias adineradas se iniciaran sexualmente de jóvenes y entraba dentro de las obligaciones domésticas de las sirvientas participar en ello. Quizá, pensaba, la señora estaba esperando a que dejara de ser una indígena sucia y entonces poder aprovecharse de ella para adiestrar a sus hijos. Tal vez así se explicara que, pese al rechazo tan grande que sentía por ella, no la echara definitivamente de la casa.

Visita de Vicente

A los meses de haber entrado en la casa, Vicente Menchú se acercó a ver a su hija. Tenía miedo de que fuera rechazado, igual que le sucedía a ella misma cada día, con la diferencia de que no podría soportarlo con la misma facilidad. Era su padre y no podía permitir que le faltaran al respeto de esa manera. Efectivamente, el día que llamó a la puerta venía de recorrer varias localidades por el asunto de las tierras y no le quedaba dinero. Traía el aspecto de lo que era, un hombre pobre. Cuando la señora le vio, no le dejó entrar; se dirigió a Rigoberta y le dijo que saliera, que por favor no se le ocurriera meterle en casa. Se reunió con su padre en el patio, donde le explicó cómo se sentía, lo que le hacían padecer en aquella casa de ricos. Le expuso por qué no podía pasar a la casa y Vicente lo entendió perfectamente, no era la primera vez, ni la última, que le impedían entrar en algún sitio. También le expresó que el motivo de su visita era recabar dinero para comer y regresar a casa. Sin embargo, Rigoberta no había podido ahorrar nada. Fue la compañera quien trató de explicarle a la señora la situación porque nuestra protagonista todavía no se defendía muy bien con el español. Lo que consiguió fue un nuevo y monumental enfado de la señora de la casa que, después de pegar tres gritos diciendo que estaban allí para robarle su dinero, accedió a arrojar diez quetzales, el equivalente a unos cinco dólares, a la cara de su sirvienta. Probablemente acabaría descontándoselos del sueldo, pero al menos el padre pudo volver a casa como pudo.

La resistencia hacia la señora creció a raíz de aquel suceso. Poco le importaba a su compañera lo que pudiera suceder, porque ya entraba en sus planes abandonar la casa pronto. Después de cuatro meses, Rigoberta comenzó a recibir un sueldo. Ella pensaba ahorrar el dinero para entregárselo después a su familia, pero la señora le quiso obligar a comprar unos zapatos. La pareja puso el plan en marcha: Rigoberta se negaría a hacerlo y su cómplice trataría de defenderla en las disputas. Parece que esta estrategia sirvió para algo, porque a los seis meses de haber entrado en la casa la señora ya no le dirigía la palabra.

Aprendiendo español

Rigoberta se sentía contenta con sus progresos con el idioma. Pasó de no saber nada a hablar un poco en escasos meses. Era capaz de entender la mayor parte de lo que le decían, aunque todavía no sabía contestar rápidamente. Se desenvolvía bien con las cosas más comunes del trabajo.

Estos progresos no se hicieron sin dificultades, claro está. En el trato con los señores, Rigoberta tenía que llamarlos de usted. Al principio se equivocaba y, sin querer, los trataba de tú. En esas ocasiones la señora se revolvía agresivamente contra ella reclamando un respeto y a punto estuvo de pegarla alguna vez, según cuenta la Premio Nobel en sus textos. La mayor parte de las veces trataba de reírse de estas cosas, pero es evidente que a la larga acababan haciéndole daño.

Un buen día, cuando la señora ya no le dirigía la palabra, prohibió a las sirvientas que hablaran entre sí. Sospechaba que la compañera, más avezada que Rigoberta en tantas cosas, podía estar enseñándole a contestar y protestar, lo cual no le hacía ninguna gracia. Como volviera a verlas hablar se irían, fueron sus palabras. Evidentemente no le hicieron mucho caso.

De cualquier modo, la desobediencia no formaba parte de la educación de Rigoberta. Aun siendo consciente de que estaban abusando claramente de ella le costaba muchísimo no hacer caso de lo que le decían, pero iba aprendiendo poco a poco. La señora se dio cuenta de todo esto y terminó echando a su amiga. A partir de ese momento no podría escapar fácilmente; ya no sabría adónde ir si se veía sola en la capital.

Existe la duda razonable de que todas estas historias relatadas en sus memorias sobre sus vivencias en la capital sean ciertas. Los revisores de su primera biografía rechazan la posibilidad de que Rigoberta haya estado trabajando de sirvienta alguna vez, por lo que opinan que todo sería un montaje para representar la situación de otras muchas mujeres indígenas explotadas. De algún modo, le hubiera servido a la Premio Nobel para justificar de forma más viva el racismo que, de hecho, existe en Guatemala.

Fuera como fuese, al poco tiempo, se marcharía de aquella casa. Había conseguido ahorrar un poco de dinero, el suficiente como para volver a su hogar orgullosa de su trabajo. Ahora podría ayudar a sus padres o, al menos, eso pensaba hasta que le llegó una noticia demoledora: su padre había sido detenido y estaba encerrado en la cárcel.

IV. LA CUESTIÓN DE LA TIERRA

Según cuenta la propia Menchú, su padre mantuvo una intensa lucha contra los terratenientes durante más de 22 años que le costó, entre otras muchas cosas, pasar parte de su vida encerrado. En esta ocasión, no sabía que la historia estaba destinada a repetirse en muchas ocasiones, sin embargo, era muy consciente de que en ese momento lo único que la preocupaba era reunir el dinero suficiente para contratar a alguien que les pudiese ayudar. La sentencia era severa: había sido condenado a pasar 18 años entre rejas.

La lucha por la tierra es una parte fundamental de la biografía del personaje porque supuso el conflicto más importante al que se tuvieron que enfrentar los indígenas durante largo tiempo. Un movimiento político y militar muy extendido por toda Guatemala durante aquellos años llevó a los terratenientes a apropiarse de gran parte de las tierras indígenas y personas como Vicente Menchú libraron una heroica batalla para impedirlo.

Ya vimos el arduo trabajo y los largos años que se necesitaron para conseguir que la tierra trabajada por la comunidad diera cosecha. Ahora que el pueblo comenzaba a recoger los beneficios de su trabajo en la aldea, aparecieron los Brol, unos acaudalados terratenientes de la zona. No era la primera vez, ya había habido conflictos con otras sagas familiares, como los Martínez y los García. Cada cierto tiempo llegaban ingenieros e inspectores, personas del Gobierno que se ponían a medir las tierras ante la sorprendida mirada del pueblo quiché.

La tierra, según el Gobierno, es propiedad nacional. Se trata, por tanto, de la Administración la que decide a quién le corresponde trabajar el campo. Pero en el momento en que la tierra ya está preparada para ser cultivada aparecen los terratenientes, que hacen valer su dinero y su influencia política para acaparar terreno. A partir de ahí, los indígenas pueden quedarse sin tierras o comenzar a trabajar como asalariados para los nuevos propietarios, de forma similar a como lo hacían en las fincas de la costa. Precisamente eso era lo que menos deseaba el pueblo quiché, razón por la cual Vicente tomó la decisión de intentar evitarlo.

Llegados a este punto, nos encontramos con una de las grandes controversias acerca de la veracidad de la autobiografía de nuestra protagonista apuntadas en la introducción e iniciadas ya con el episodio de la muerte de su hermano, la cuestión de la escolarización y las dudas sobre su etapa en la capital. La lucha por la tierra, pilar central del conflicto descrito por Rigoberta, habría sido en realidad una disputa familiar entre su padre y parientes de su madre, no la pretendida batalla heroica contra estos terratenientes que manipulaban a los funcionarios públicos para apoderarse de la propiedad de los campesinos indígenas, como estábamos relatando. Los testimonios obtenidos confirman que Vicente Menchú se enzarzó en una larga polémica con Antonio Tum, tío de su esposa. El alcalde de San Miguel Uspantán, Efraín Galindo, autoridad competente en aquellos años, así lo constata: *Intenté una mediación, pero nadie quiso negociar un acuerdo*. Se refiere a las partes enfrentadas de la familia Menchú Tum, no a ninguna estirpe ladina.

La investigación del autor del libro *Rigoberta Menchú y la historia de todos los guatemaltecos pobres* contiene entrevistas con más de 120 personas y una amplia consulta de archivos. Su trabajo ha sido contrastado por medios tan prestigiosos como el periódico *The New York Times,* que mantuvo encuentros con familiares, amigos y vecinos de Rigoberta. Así, la conclusión alcanzada tras sus averiguaciones es que algunos de los principales episodios de la autobiografía de nuestra protagonista fueron ideados o dramatizados.

En todo caso, siempre según la Premio Nobel, parece que su padre, ante la amenaza, se encargaba de recoger las firmas de las personas que trabajaban allí y acudía a las oficinas del INTA para tratar de solucionarlo. Las estancias administrativas se beneficiaban de un doble juego, por un lado, pedían dinero a los terratenientes para desposeer a los indígenas de sus tierras y, por otro, extendían documentos a los indígenas para alargar el proceso por más tiempo. En ocasiones, los indígenas, o el mismo Vicente, firmaban papeles de los que ni siquiera conocían su contenido. Hubo veces que, pensando que estaban ratificando su derecho de propiedad, lo que hacían realmente era confirmar su marcha de las tierras. Ése era uno de los grandes problemas de no saber leer ni escribir para los indígenas: resultan especialmente vulnerables frente al engaño y a la corrupción.

Como único remedio se presentaba la posibilidad de recurrir a los licenciados, tanto para la gestión de los problemas de la tierra, como para la de los procesos penales, pero no todos los abogados eran honrados. Ocurría que el padre de Rigoberta, como señor elegido de la comunidad, depositaba su confianza, su firma y su dinero en personas que decían defender los intereses de los indígenas. Sin embargo, la respuesta no era siempre satisfactoria. Les daban esperanzas de recuperar la tierra, les decían que podían continuar trabajando el campo, pero al poco tiempo volvían ingenieros del Gobierno a hacer mediciones. Ingenieros e inspectores ladinos a los que había que tratar bien para tenerlos a favor: se mataban los mejores animales, se les cuidaba con buenas tortillas y se compraban productos completamente inusuales para ellos como aceite, azúcar o arroz. La comunidad hacía una colecta para conseguir todas estas cosas, algunos dejaban de trabajar con el fin de acompañar a los visitantes en sus gestiones por las aldeas, mientras sus familias dejaban de estar bien atendidas, entretanto. Todas estas cosas hacían que creciera el rechazo general por los ladinos y que, cuando se iban, todo el pueblo respirara de tranquilidad.

Durante mucho tiempo, Vicente Menchú viajó por las ciudades y los departamentos más importantes del país, con el desembolso económico que aquello suponía. Quetzaltenango, Huehuetenango, todo el Quiché y, muchas veces, la capital, eran sus destinos principales. La primera de estas ciudades está cargada de simbolismo para los mayas. Es el lugar donde murió Tukum Umam, el líder maya que luchó contra los españoles en las famosas batallas de los llanos de Urbina. La ciudad toma su nombre del ave que es, a la vez, símbolo de Guatemala y moneda nacional. El quetzal era el nahual de Tukum Umam, la figura de su alma; por eso, cuando el jefe maya murió, el quetzal sobrevoló las tierras de Guatemala demostrando que jamás podrá ser abatido ni capturado, porque el quetzal es libertad. Ésta es una de las razones de que Rigoberta eligiera Quetzaltenango como uno de los puntos clave a la hora de celebrar la obtención del Nobel, unos cuantos años más tarde.

Abandonan Chimel

En ese ir y venir por aquellas ciudades, Vicente entendió que luchar contra el Gobierno o contra los terratenientes era bastante parecido. Debía buscar ayuda en otro lugar y se dirigió a los sindicatos de trabajadores. Era el año 1967 cuando ocurrió lo que más temía el pueblo de Rigoberta: fueron expulsados de sus casas por primera vez.

Fue un día de lluvia cuando los secuaces de los García entraron en las humildes viviendas quichés y desalojaron su interior. La casa en la que vivían, el lugar donde nació Rigoberta, era una humilde construcción de paja con vigas de madera. En ellas, los indígenas apenas tienen pertenencias y las que tienen son utensilios de trabajo y de cocina. Pues bien, según nos cuenta en su autobiografía, vio cómo soldados indígenas a sueldo de las fincas sacaban las ollas de barro, los platos, los vasos y los arrojaban al suelo. Muchos cacharros se rompieron; las pocas joyas que Juana Tum conservaba de sus abuelos desaparecieron; las mazorcas guardadas en el tapanco (la parte superior de las viviendas, destinada a almacenar comida para protegerla de los animales) fueron esparcidas por el suelo y echadas a perder.

La aldea, como siempre, se puso a trabajar en colectivo. Lo primero que hicieron fue recoger todo lo que hubiera quedado a salvo del estropicio y llevarlo a un lugar más seguro. Construyeron una champa, algo así como una tienda provisional hecha a base de palmas, lo cual les llevó dos días. Entretanto, se resguardaron con las sábanas de nailon que emplean los campesinos para protegerse del agua. Protegía de la lluvia, sí, pero no de los ríos de agua que cruzaban por el suelo. Más de 40 días permanecieron en esas condiciones, interiorizando más intensamente todavía el rechazo ancestral a los ladinos y, en general, hacia toda la gente rica que les trataba de esta forma. Al fin, decidieron regresar a sus casas. Necesitaban volver a utilizar sus piedras de moler, sus herramientas y todo lo que hubiera quedado servible, aún a riesgo de morir. Liderados por Vicente, el pueblo quiché volvió a su aldea. Obtuvieron el apoyo de alguna otra aldea cercana que les prestó los utensilios necesarios para que, mientras tanto, pudieran preparar su maíz.

La aldea estaba arrasada y los animales muertos, lo cual provocó una gran conmoción, no sólo por las pérdidas económicas, sino por toda la carga de significado simbólico y espiritual que tiene el asesinato de un animal en la cultura maya. Poco a poco fueron recomponiendo su vida allí, pero las visitas de los emisarios de los terratenientes eran cada vez más frecuentes. Les proponían la posibilidad de quedarse, de modo que, aunque dejaran de ser sus tierras, les permitirían mantener su aldea y trabajar como mozos. En caso de no conformarse con lo anterior, les despojarían de las tierras y de la aldea definitivamente. Frente a eso, los indígenas, con Vicente Menchú a la cabeza, sólo podían argumentar la antigüedad de su trabajo. Todos sabían que había muchas más tierras, pero no todas eran cultivables.

A los terratenientes les interesaba precisamente ésa. Así, dos meses después del primer ataque vino el segundo y todo lo que los vecinos de las aldeas cercanas les habían prestado también fue destruido. Aquello casi acabó con su maltrecha moral, pero la perspectiva de abandonar las casas e irse a las fincas, donde ni siquiera podrían trabajar todo el año, les hizo decidir quedarse y resistir.

En esa segunda ocasión estuvieron menos tiempo fuera de sus casas. A los 15 días, después de múltiples reuniones, decidieron regresar a la aldea. Las ideas de venganza empezaron a surgir, sobre todo entre los más viejos, como el abuelo de la familia. Si han matado a nuestros animales, podemos matarlos a ellos, decía. Frente a estas ideas, estaba la tremenda voluntad de Vicente, que ya apenas permanecía en casa, yendo de un sitio a otro, celebrando reuniones y movilizando a otras comunidades. De ese modo, al erigirse como líder de todo un movimiento de resistencia se convirtió en el foco de los ataques de las clases dominantes.

Maniobras de defensa

La comunidad comenzó a organizar su protección. Establecieron que los mejores aliados tenían que ser los animales: unos perros bien adiestrados deberían servir de fieles guardianes, para evitar las irrupciones nocturnas de los acólitos de los poderosos. Sólo así conseguirían mantenerse en la aldea y evitar tener que bajar a las fincas, aunque tuvieran que comer raíces del campo o frutos del bosque, porque en esas condiciones trabajar la tierra era imposible y abandonar sus casas supondría verlas destruidas en no mucho tiempo. La comunidad decidió que permanecer unida era la mejor opción para defenderse. De ese modo, sólo si les mataban a todos podrían los terratenientes hacerse con sus propiedades.

El conflicto se prolongó y las tensiones crecieron. Hasta los niños eran entrenados en labores de vigilancia. Un buen día, sin saber muy bien la razón, los inspectores de Transformación Agraria aparecieron con un documento que parecía ser su salvación. Según sus palabras, con aquel trámite la tierra quedaría definitivamente en sus manos. Tan sólo tenían que firmar aquellos papeles. Como la mayoría de los indígenas no sabía escribir, hasta los niños plasmaron su huella dactilar. El padre de Rigoberta quiso leer su contenido para asegurarse, pues estaba escarmentado de otras situaciones similares, pero los funcionarios insistieron en su veracidad: era un título de propiedad sobre la tierra que pisaban. Después de aquello se acabarían sus problemas.

Efectivamente, transcurrieron dos años sin que sucediera ningún altercado. El pueblo quiché se afanó en su labor y la tierra produjo buenas cosechas. La comunidad se planteó ampliar el espacio cultivable y ganar terreno a las montañas. No obstante, de nuevo acudieron los ingenieros, esta vez acompañados de los guardaespaldas de, por lo menos, las tres familias principales de la zona. La situación se complicaba, sobre todo porque tenían que luchar contra aquel documento por ellos firmado, en el que ponía que la tierra era suya, sí, pero sólo por dos años. Una vez transcurridos, debían abandonar ese lugar y trasladarse a otro para vivir.

Fue entonces cuando Vicente Menchú decidió buscar apoyo de forma más concreta en los sindicatos. Al fin y al cabo, ellos eran campesinos, trabajadores que también necesitaban cierta protección frente a los abusos. Allí encontró la ayuda que buscaba, aunque a fuerza de recorrer todo tipo de oficinas: administrativas, sindicales y privadas. El padre de Rigoberta sentía que, como señor elegido de la comunidad, tenía la responsabilidad de liderar esa lucha, pero de algún modo tenía miedo de que si a él le pasara algo nadie estuviera preparado para continuar esa labor. Así, uno de los hermanos Menchú comenzó a viajar junto a su padre, gracias a las ayudas que recibían de toda la comunidad. Eso le permitiría aprender algo de español y ayudarle en las gestiones necesarias.

Cuando obtuvieron el apoyo de los sindicatos, los mafiosos depositaron una buena cantidad de dinero ante el juez, con el fin de detener esa reacción. Desde ese momento, Vicente empezó a ser perseguido por la justicia, hasta que, finalmente, dio con sus huesos en la cárcel.

Gestión de los problemas legales

En Guatemala, los indígenas sólo pueden obtener ayuda a través de profesionales caros que intermedian en los conflictos administrativos. Su desconocimiento del idioma en el que se tramitan estas cuestiones les obliga a pagar ingentes cantidades de dinero a estas personas para que lo gestionen en su nombre. Los terratenientes habían logrado mandar a la cárcel a Vicente pagando su parte y muchos eran los cargos implicados en el proceso. En primer lugar está la autoridad militar, que vive en el entorno rural, cerca del pueblo, y trata de imponer su mandato. Después se encuentra el alcalde, que es el primer estamento que administra justicia, dicha sea esta palabra con todas las precauciones. En tercer lugar aparecen los gobernadores, a cargo de todo un departamento. Por encima de ellos se sitúan los diputados, una figura que a nuestra protagonista ya le quedaba tan lejos que se le escapaba.

El proceso contrario, el de defender a un reo, también requiere recorrer esos mismos caminos, con la diferencia de que los indígenas no disponen de los mismos medios que el resto de la gente. Para acceder a los altos niveles de la Administración del país es necesario poner en marcha una serie de contribuciones económicas. La *mordida,* que dicen ellos. Gracias a una cantidad de dinero determinada es posible ponerse en contacto con el comisionado militar; para hablar con el alcalde es necesario otra cantidad de dinero además de buscar testigos y tramitar documentación; para llegar al gobernador, en cambio, es preciso pagar, tener testigos y además obtener la ayuda de abogados. A estos niveles sólo se habla español, la lengua quiché no sirve para nada porque no hay gobernadores que no sean ladinos. En todo caso, los indígenas que consiguen ser comisionados o alcaldes puede considerarse que han dejado de serlo, pues han quedado completamente ladinizados tras su paso por el servicio militar.

El sueldo de Rigoberta, obtenido tras su estancia como sirvienta, junto con el de sus hermanos, procedente del duro trabajo en la finca, sirvió para financiar todo el proceso. Muchas eran las personas implicadas, pero la del intérprete resultaba fundamental. Era la encargada de traducir los testimonios de los testigos al abogado y al juez. Si esa pieza fallaba no había nada que hacer. Ya podemos hacernos una idea del mecanismo que alteraron los terratenientes en ese momento: el intérprete se dedicó a tergiversar las declaraciones. Su principal argumento era que los indígenas justificaban la cesión de los terrenos a las grandes familias, porque decían ser sus propios trabajadores. La situación se complicó sobremanera: sobre la cabeza del padre de Rigoberta pendían más de 18 años de cárcel por abusar de la soberanía del país.

Mientras tanto, Juana Tum se trasladó a Santa Cruz del Quiché para trabajar de sirvienta y obtener dinero para el proceso. Durante todo un año estuvo Rigoberta trabajando fuera de casa para mandar dinero a su familia. Gracias a ellas y al trabajo de toda la comunidad, Vicente pudo ser liberado después de un año y dos meses de costosos trámites y duro trabajo. De cualquier modo, el problema distaba mucho de estar completamente resuelto. Desde el punto de vista de los latifundistas, mucho más después de aquello, el liberado venía a ser una especie de líder carismático, un cabecilla de los indígenas con el que había que acabar para tener un control total sobre las tierras.

Rigoberta aprendió mucho de todo aquello, pero sobre todo se dio cuenta de una cosa. Las inquietudes que ella pudiera tener por aprender se veían ahora muy reforzadas. Era preciso, por cualquier medio, saber español para liberarse de los intermediarios. Especialmente, cuando el Gobierno estableció que los campesinos debían pagar 19.000 quetzales si querían comprar las tierras. Eso era una ingente cantidad de dinero para la comunidad, unos 8.000 dólares al cambio de la época, una cifra que ni siquiera alcanzaban a soñar. Eso se traducía en salir de la tierra instantáneamente.

Las relaciones con los sindicatos se iban fortaleciendo, más ahora que Vicente no dejaba de viajar, hasta que un nuevo problema se añadió a los existentes. Los poderosos latifundistas, a la vista de que los procesos judiciales no daban los resultados esperados, decidieron endurecer sus planes y secuestrar al enemigo.

Comienzan las desapariciones

Fue uno de los días que Vicente Menchú salía de la aldea en compañía de su hijo cuando se lo llevaron. Éste consiguió escapar y avisar a toda la comunidad. De un tiempo a esta parte esperaban algo así, debido, sobre todo, a las amenazas de muerte que había recibido, razón por la cual ya nunca viajaba solo. El pueblo entero recogió sus armas, fundamentalmente herramientas básicas como machetes, azadas o piedras, y rodeó la zona para intentar detener a los secuestradores. Estuvieron gran parte del día buscando hasta que lograron encontrarle tirado a un lado del camino y solo. Los secuestradores habían huido, no sin antes propinarle una buena paliza. Tenía la cabeza abierta y la piel cortada, apenas podía mantenerse en pie. Sin duda, estuvieron a punto de matarle.

En el centro de salud del pueblo más cercano no pudieron atenderle. Los poderosos propietarios ya habían dado las órdenes precisas a los médicos ladinos para impedirlo, con lo cual tuvieron que trasladarle a Santa Cruz del Quiché en ambulancia, donde fue ingresado en el hospital de San Juan de Dios. Allí le diagnosticaron diversas fracturas y le pronosticaron una larga recuperación, no menor de nueve meses. Durante todo ese período, Juana se mantuvo al lado de su marido, viviendo en el Quiché y cuidando de que recibiera las mejores atenciones.

Unos meses más tarde llegó una nueva mala noticia a la aldea maya. Los terratenientes amenazaban con volver a secuestrar a su líder, esta vez en el mismísimo hospital. La comunidad barajaba la idea de hacerle regresar a casa, donde pudiera estar protegido y a salvo de toda aquella mafia. Sin embargo, aún era pronto para moverle de allí. No estaba recuperado del todo y necesitaba pasar unos meses más de ingreso. La solución llegó de manos de los religiosos de la zona, que organizaron todo de tal modo que pudieron trasladarle sin levantar sospechas a otra zona del hospital, un lugar privado, donde pudiera estar seguro. Allí permaneció durante cinco meses más, recuperándose de sus lesiones, hasta que al fin pudo regresar a casa.

Las condiciones en las que le habían dejado no eran las mejores. Debido al dolor que arrastraba, con dificultad podía caminar y apenas le era posible cargar con alguna mercancía. Además del dolor y del odio acumulado, el padre de Rigoberta y su familia habían recogido cierta información tras su estancia en el hospital. Habían hablado con otros indígenas y supieron que su situación no era infrecuente: otros pueblos atravesaban las mismas dificultades, lo cual cambió completamente la opinión que tenían sobre el problema. Por primera vez, la lucha adquiriría una perspectiva más amplia. Quizá no fuera una cuestión de la familia Martínez, García o Brol contra su aldea, tal vez se tratara de un enfrentamiento entre ladinos e indígenas a nivel general.

El primer cadáver

En relación con esto, Rigoberta cuenta que la primera vez que recogió un cadáver producto de una muerte violenta fue en 1975. Ocurrió en la finca de los García, que quedaba muy próxima a la aldea propia. A ese lugar acudía al corte de café y fue donde conoció a Petrona Chona, una joven madre con dos niños. El hijo del terrateniente, un tal Carlos García, completamente desocupado, se entretenía flirteando con las chicas trabajadoras. Una de ellas era Petrona, pero como estaba casada no había mucho futuro en aquella historia. Sin embargo, el día que uno de los pequeños se puso enfermo y se quedó en casa a cuidarlo recibió su visita con la proposición de hacerla su amante. Petrona apenas ganaba dinero en la finca para pagar el alojamiento y la comida, pero su negativa fue rotunda. Ante este rechazo, el hijo de los García encargó al guardaespaldas de la familia que acabara con su vida. Debía matarla, no con un arma de fuego, sino con un machete.

Efectivamente, Petrona Chona murió asesinada a machetazos. El niño con que cargaba resultó herido en un dedo, pero su madre acabó hecha pedazos. Cuando los indígenas vieron la escena no lo podían creer. Había trozos de Petrona por todos lados y la casa era un baño de sangre. A la Premio Nobel este suceso se le quedó grabado no sólo por la extrema violencia del asunto, sino porque aquella misma mañana había hablado con ella y le había escuchado decir que se iba a ir de la finca. No le dio tiempo.

Rigoberta no reconoció a Petrona entre los trozos de carne mutilada esparcidos por la casa. Nadie se atrevía a recoger sus restos. Frente a un episodio violento, las autoridades deben presentarse antes de iniciar cualquier otra acción, pero en este caso tardaron más de dos días en acudir. El cuerpo descompuesto ya exhalaba un hedor insoportable a muchos metros a la redonda. Ante tal situación, Vicente decidió levantar el cadáver y darle sepultura, aún a riesgo de ser acusado por las autoridades. Padre e hija metieron los restos de Petrona en cestas y los enterraron.

Al cabo, llegó el alcalde a consultar sobre lo acontecido y, tras una charla informal con el terrateniente en la que Rigoberta recuerda verlos reír amistosamente, se marchó tal como había venido. Nunca supo de qué hablaron y nunca les tomaron declaración. No entendía las conversaciones que mantuvieron las autoridades, así que ahí quedó todo. Al parecer el guardaespaldas permaneció 15 días en la cárcel como medida testimonial de castigo y nunca más se volvió a hablar del tema. Pero Rigoberta no lo olvida, durante más de seis años estuvo soñando con aquel terrible episodio. Era el primer cadáver y la primera demostración de impunidad, la primera de muchas.

Continúa el asedio

La lucha por la tierra, sobre todo a través de los sindicatos, continuó. En el año 1977, Vicente Menchú fue encarcelado por segunda vez. Considerando la resistencia organizada que había desarrollado la comunidad del pueblo quiché, a los terratenientes les parecía más eficaz cargar contra su líder. Vicente sabía que esto o algo peor podría suceder, por eso insistía a su familia en que él era el padre en ese momento, pero, si algo pasara, la comunidad se convertiría en el padre de todos. Por este motivo, nunca dejó de trabajar por el bien de la comunidad.

Entretanto, Rigoberta trataba de continuar estudiando español. Desde que recibió su apoyo en el hospital, frecuentaba la compañía de sacerdotes y religiosas. En ocasiones, le facilitaban viajar a otros conventos, en la capital o en otros sitios. Así fue como empezó a viajar sola, sin la compañía de su padre.

Otra ayuda inestimable procedió de un grupo de europeos que mandaban de vez en cuando una cantidad de dinero a la comunidad del Quiché. Eran varios colaboradores que acudían a Guatemala cada cierto tiempo para enseñar técnicas agrícolas a los campesinos. No obstante, las costumbres de Europa no son las mismas que las de Guatemala, empezando por el hecho de que los indígenas se resisten a emplear fertilizantes artificiales para tratar la tierra. De manera que, aunque no llegaron a transformar el modo de trabajar de los campesinos, se hicieron amigos de Vicente, conocieron bien las dificultades de su pueblo y, desde entonces, enviaban ayudas periódicamente.

Regresando a la represión, la segunda detención fue todavía más seria que la primera. En esta ocasión se le acusaba de un delito político, lo cual hacía que la pena fuera mucho mayor. Ya no le caerían 18 años, sino toda una vida de prisión. Ése era el precio que había que pagar por ser, según sus acusadores, un comunista subversivo.

Le detuvieron a empujones y golpes los mismos comisionados militares que la vez anterior, pero algo había cambiado desde entonces. La madre y los hermanos de Rigoberta ya hablaban un poco de español y el resto de la comunidad sabía defenderse. Además, contaban con el apoyo de los religiosos, los sindicatos y algunos amigos del extranjero. Detrás de Vicente estaba la fuerza de todo un pueblo.

Eso propició que la detención fuese mucho más breve, de tan sólo 15 días. Sin embargo, la amenaza que le hicieron llegar fue, en cambio, mucho más grave. La próxima vez, si seguía actuando en esa línea, acabarían con su vida. Y si no podían encontrarle, ya se encargarían de buscar a alguno de sus hijos y hacérselo pagar a él.

En su corta segunda estancia en la cárcel tuvo un encuentro que terminó de abrirle los ojos. Conoció a un verdadero preso político, una persona que había sido condenada por defender a los campesinos. De él aprendió que el problema era mucho más global de lo que pensaba. Afectaba no sólo a los campesinos y a las tierras, sino a todo el sistema. Los terratenientes no eran sólo unos asesinos por intentar matarle ahora, ni únicamente unos delincuentes por querer encerrarle para siempre de forma injusta, realmente sostenían toda esta situación desde su base: desde la explotación en las fincas, desde el hambre y la desnutrición, desde las diferencias sociales y los desequilibrios económicos, desde una cultura de opresión. En todo caso, la verdadera raíz del problema podía estar en sus manos porque no se trataba de otra cosa que de la riqueza de la tierra. De hecho, sólo con la unión de la mayor parte posible de indígenas se conseguiría acabar con las injusticias. Quizá éste estaba siendo el nacimiento del famoso Comité de Unidad Campesina (CUC), la organización más importante para la lucha de los indígenas en aquel tiempo.

La guerrilla y la lucha contrainsurgente

Vicente Menchú, desde aquel momento, se dedicó única y exclusivamente a la lucha contra ese sistema injusto con los indígenas. Terminaba el año 1977 y el cabeza de familia abandonó su casa, huyó a los bosques y a las aldeas y se convirtió en un clandestino. Su intención no era, en absoluto, dejar abandonados a los suyos, sino todo lo contrario: protegerlos. Sabía que fuera de casa y de la aldea estarían más seguros y la comunidad correría menos peligro. Únicamente visitaba la aldea de vez en cuando, sin previo aviso y por sorpresa. Pasaba la noche con su familia y se iba antes del amanecer. Otras veces pasaba varios días, pero no salía para no ser visto. Todo esto le convirtió en un líder muy querido por su comunidad e, incluso, por otras comunidades.

En este escenario, la situación cada vez se asemejaba más a una guerra de guerrillas. Los indígenas permanecían cercados por el Ejército dentro de algún municipio, sin poder entrar o salir bajo pena de muerte, lo que provocaba una grave escasez de alimentos. Se creaban aldeas estratégicas bajo control militar, de forma similar a lo que había ocurrido en Vietnam con el Ejército estadounidense. Las tropas gobernaban directamente estas aldeas y cualquier persona que se hallara fuera del perímetro era considerada parte de la guerrilla y, por tanto, sujeta a las leyes de la guerra.

Este sistema fue empleado en el municipio de San Martín Jilotepeque, departamento de Chimaltenango, con el fin de presionar a los indígenas cakchiqueles para que culparan a la guerrilla de las matanzas ocurridas durante los últimos meses en zonas rurales del país, según denunció en 1982 la Comisión de Derechos Humanos. El general Efraín Ríos Montt había sido denunciado por Amnistía Internacional de haber asesinado a más de 2.000 campesinos de forma extrajudicial en sus primeros cuatro meses de mandato. A partir de entonces, el

Ejército, por órdenes de la dictadura, pretendió acusar como fuera a las guerrillas de lo sucedido. El genocidio estaba a punto de llegar, pese a que el régimen del general Ríos Montt hubiera prometido respetar los Derechos Humanos y convocar unas elecciones libres. Sin duda, no se trataba más que de una versión aumentada de la violencia profesada por su antecesor, el también general Romeo Lucas García. Realmente, la tragedia del derramamiento de sangre continuaba siendo una constante en los sucesivos Gobiernos del país.

La formación política de Rigoberta

En ausencia de su padre, Rigoberta comenzó a interesarse más por las discusiones políticas de la comunidad. No porque ella se convirtiera en su sucesora, ni mucho menos, sino por las propias dudas que albergaba en su interior. Eran muchas las preguntas que tenía, pese a que ya conocía cómo era la vida en el altiplano, en la finca y en la capital. Sin embargo, no era consciente de los problemas del resto de los indígenas de Guatemala. Aunque había visto gente de otras etnias anteriormente, jamás había tenido acceso a saber cómo viven y qué problemas tienen, ni siquiera qué nombres reciben sus pueblos. Probablemente de niña imaginara que todos eran iguales y, sin duda, parte de razón tenía, por lo menos en cuanto a la pobreza y a la opresión se refiere. A medida que fue tomando contacto con otras etnias, como la de los indígenas achies, los más cercanos de la región, o la de los mam, comprobó que su estilo de vida era el mismo, una manera de vivir humilde, en claro contraste con todo lo vivido en la capital. Vio que su pobreza compartía las mismas causas y eso, en parte, la tranquilizaba y la alegraba porque sabía que no estaba sola.

Paralelamente al crecimiento del CUC, una asociación de lucha por los derechos de los campesinos indígenas, se desarrollaba en Rigoberta la conciencia de que el problema era que había ricos y pobres. Pensaba que los ricos tenían el poder, no por ser ladinos, sino por ser ricos, y que ese poder les servía para explotar a los indígenas y ser más ricos y poderosos todavía. La evolución de este pensamiento lo explica Rigoberta con sus propias palabras:

> *Muchos [...] que llegaron a nuestra región comprendieron que el pueblo no era comunista sino que era desnutrido, vieron que el pueblo [...] era discriminado por el sistema. [...]*

> *Hoy día, puedo decir que es una lucha incontenible. Es una lucha que ni el régimen ni el imperialismo pueden detener porque es una lucha de hambre, de miseria. Ni el régimen ni el imperialismo pueden decir no tengan hambre, mientras que todos estamos muriendo de hambre.*

Junto a lo anterior estaba el Gobierno. Los presidentes, esas figuras desconocidas hasta hace poco por Rigoberta, se revelaban ahora como seres oscuros. La llegada al poder de generales con pocos escrúpulos sobre la vida humana no había mejorado los problemas sobre las tierras. Rigoberta recuerda la entrada del general Kjell Laugerud en la escena política. En 1974 llegaron promesas de pan y tierra. A Rigoberta le sorprendió mucho escuchar en la campaña electoral de Uspantán a este general prometiendo alimentos. Pensaba que ni siquiera su gobernante sabía que los indígenas comen maíz y hierbas del campo. En vez de decir tortillas decía pan y luego hablaba de la nueva libertad sobre la tierra. Con aquello se ganó muchos votos, no el de Rigoberta, que todavía era menor de edad, pero sí, en cambio, el de toda su familia. Sólo dos años después de aquello su padre estaba siendo amenazado, golpeado y encarcelado. Las promesas se diluyeron rápidamente.

En esas fechas nuestra protagonista seguía trabajando en la finca. Su mayor interés era conocer las causas de la explotación. Efectivamente, comprobó que también había familias de ladinos pobres empleándose allí, con los mismos hijos hinchados de desnutrición y los mismos problemas que la suya. Aprovechando su presencia, trataba de estar cerca de ellos para mejorar su español, pero se daba cuenta de que, pese a que todos eran pobres, se conservaba una barrera de rechazo hacia los indígenas. Cuando trataba de hablar con ellos, solían dirigirse a ella como *india,* un término que se utilizaba de forma despectiva para los indígenas. Se había desarrollado una conciencia de clase que establecía diferencias entre indígenas y ladinos. Rigoberta no entendía nada.

A su vez, los indígenas de la aldea seguían poniendo en marcha todos sus conocimientos de defensa. Los más viejos del lugar recordaban las trampas que habían estado utilizando desde tiempos inmemoriales sus antepasados y se las enseñaban a los más jóvenes. Eran zanjas con hilos para hacer caer a los soldados o trampas para impedir que los animales se comieran la milpa, adaptadas para los caminos. En cada sendero colocaban dos o tres, con el fin de tener protegido al pueblo. Estaban ya decididos a hacer uso de la violencia si era preciso. A todas las cosas de la comunidad, por rudimentarias que fueran, se les dio una utilidad. Se podía lanzar sal a la cara, agua caliente, chile o incluso cal. La cal puede dejar a alguien ciego. Por supuesto, también emplear el machete, las piedras, todo aquello que pudiera impedir que los latifundistas y sus soldados entraran en la aldea ni una sola vez más.

Evolución de su pensamiento

Entretanto, la labor política de la futura Premio Nobel comenzaba a dar sus frutos. La organización de la comunidad crecía teniendo a nuestra protagonista como una pieza clave, en parte por su conocimiento del idioma español y en parte por ser una mujer respetada después de lo ocurrido con su padre, pero sobre todo por sus grandes inquietudes. A veces, pensaba por las noches cómo podría ser el mundo si tuvieran tierras y libertad para trabajar; otras, en cambio, le asaltaba el miedo a que un día amanecieran todos muertos a manos de los soldados.

Durante el día trabajaba recogiendo firmas para crear una escuela, educando a los niños sobre los problemas que más preocupaban a la comunidad o intermediando con los curas y las monjas con el fin de obtener ayudas para su pueblo. Una de las actividades que más tiempo le llevaba era organizar grupos de trabajo para aprender el poco español que sabía. Tan sólo a hablarlo, no a escribir ni a leer, porque todavía no lo dominaba bien. De cualquier modo, todo esto no eran más que actividades informales. La primera acción política genuina fue entrar a formar parte del grupo de campesinos de Huehuetenango a finales de 1977.

Dentro de Rigoberta habitaban ciertas contradicciones. Una de ellas era que guardaba mucho cariño y respeto hacia los religiosos que tanto le habían ayudado, pero, por otra parte, veía que parte de su educación procedía de valores que ellos mismos habían inculcado a su pueblo. Ideas como la de que hubiera un Cielo reservado para los pobres en otro mundo o la de que matar fuera un pecado. De algún modo, se creaba una actitud conformista o inmovilista respecto a los problemas que les inquietaban. Rigoberta preguntaba a las monjas qué pasaría si se luchara contra los poderosos, si se cambiara esa actitud, pero no encontró respuestas satisfactorias a sus inquietudes políticas allí. Una cosa sí tenía clara, quería salir del adormecimiento en el que se había instalado su pueblo. En su libro autobiográfico encontramos estas palabras clarificadoras:

> *Los cristianos de teoría no entienden por qué nosotros le damos otros sentido* [a la Biblia], *precisamente porque no han vivido nuestra realidad.* [...] *Nos sentimos cristianos y el deber de un cristiano es pensar cómo hacer que exista el reino de Dios en la tierra, con nuestros hermanos. Sólo existirá el reino cuando todos tengamos qué comer. Cuando nuestros hijos, nuestros hermanos, nuestros papás no se tengan que morir de hambre y de desnutrición.*

Una de las primeras acciones que Rigoberta inició, aprovechando su experiencia con los grupos desarrollada como catequista, fue la de crear uno de mujeres dispuestas a emprender la lucha armada. Empezaron a denominar a los ladinos ricos, a los terratenientes, a los gobernantes y, en general, a todo aquel que les considerara como una raza menor, con un término, el de enemigo, que resultaba muy desconocido a una comunidad tradicionalmente bastante igualitaria. Aprendieron a distinguir quiénes eran esos enemigos. Recuperaron la conciencia de lucha que tuvo su pueblo muchos años atrás, cuando trataron de resistirse a la conquista de los españoles. Volvieron a organizar las trampas en los caminos y en las casas, también la distribución de las viviendas, colocando al señor elegido en medio de la comunidad, para que estuviera más protegido, y en última instancia, lograron ponerse de acuerdo para concentrar a la población en un espacio más reducido.

La dispersión de las casas se debía a que el Presidente había ordenado la división del terreno en parcelas, hecho que, en un principio, sirvió para repartir la propiedad, pero que, al cabo, fomentaba la división de los pueblos. Hasta tal punto les resultó antinatural a los indígenas esta política que, desde que el Gobierno creó una institución para la vigilancia forestal en Guatemala, cuando tenían que talar un árbol fuera de su pequeña parcela estaban obligados a acudir a la administración para solicitarlo mediante el pago de cierta cantidad de dinero. Teniendo en cuenta que, a falta de gas o electricidad, viven principalmente gracias a la leña, muchos campesinos no pagaban al Estado y acababan siendo detenidos. Se daba la extraña situación de que un pueblo que pide perdón al árbol antes de cortarlo con el hacha, iba a la cárcel por hacerlo sin el beneplácito de un Gobierno que deforestaba el país sin escrúpulo alguno. Ésa fue una de las razones para que comenzara la lucha contra la reforma agraria y para la creación del Comité. Entretanto, decidieron que, como medida defensiva, ahora compartirían un espacio para cultivar y eso les mantendría unidos en caso de ataque.

La comunidad se encontraba debatiendo acerca de todos estos asuntos cuando llegó la represión a San Pablo, una aldea vecina. Sus personalidades principales fueron secuestradas: los catequistas, los señores importantes, sus familias... todos desaparecieron. Este hecho les demostró lo urgente que se hacía organizarse y facilitó que la nueva distribución se alcanzara con mayor rapidez.

La lucha armada

El momento esperado llegó al fin. Una tropa de unos 90 pintos apareció en la aldea. Pintos son soldados que muestran la cara oscurecida, teñida con colores de guerra. La comunidad no tenía armas con las que hacerles frente, pero podía mostrar su resistencia, aún a sabiendas de que podían morir todos. No fue así: después de un par de semanas soportando la presión de su presencia, aguantando que ocuparan los recintos más importantes, sala de reuniones incluida, sufriendo que acabaran con el maíz, una de sus cosas más queridas, los soldados se marcharon.

La comunidad había sacrificado sus ceremonias, estaba renunciando a parte de sus creencias y de su cultura, para obtener una seguridad común. Una seguridad que les protegiera de la represión sufrida ya por pueblos cercanos como Cotzal y Nebaj, poblados ixiles, o Chajul, poblado quiché, todos ellos cabeceras municipales del departamento del Quiché. En ese sentido, organizaron la posible evacuación de la aldea estableciendo un orden de prioridades y practicando simulacros. Llegaron a excavar salidas de emergencia bajo la tierra, rompiendo con algunos esquemas culturales que en otro momento se lo habrían impedido. Se construyeron casas de vigilancia en cada uno de los puntos por los que podía entrar la milicia y se convinieron una serie de señales de aviso, tanto para el día como para la noche. Habilitaron un campamento fuera de la población para que, en el caso de tener que marcharse por la llegada de los soldados, pudieran sobrevivir bien durante varias semanas aunque fuera únicamente con los productos del bosque. Dejaron a los perros en las casas intermedias, en los caminos y a la entrada del pueblo, para que los pintos se encontraran inicialmente con ellos. Así, los ladridos y el tumulto alertarían a los demás, tanto cuando entraran como cuando salieran. Cuando los soldados realmente llegaron, no lograron encontrar a nadie. No obstante, se ensañaron con los perros, únicos habitantes del lugar, y abandonaron la aldea. De ese modo, fueron viejas artimañas y armas populares las que sirvieron al pueblo de Rigoberta para resistir.

En una ocasión, dos soldados se disfrazaron para pasar inadvertidos, pero los niños de la aldea, bien adiestrados en labores de vigilancia, enseguida se dieron cuenta, por su forma de vestir y de moverse, y avisaron al resto de la población. Al mismo tiempo, los soldados preguntaban por algunas personas de la comunidad para llevárselos al campamento. Los vigilantes descubrieron que detrás de ellos se acercaban varios más, vestidos de uniforme verde. Huyeron todos al bosque, mientras los soldados mataban animales y robaban en las casas. Se acordó iniciar una pequeña escaramuza de aviso, con el fin de demostrar que el pueblo había salido de aquella pasividad anterior. De ese modo, decidieron apostarse al lado de un pequeño camino y esperar a que el grupo de soldados pasara por allí. En esas condiciones, no sería difícil tender una emboscada al último de ellos, puesto que en aquel lugar sólo podían caminar en fila.

Las armas de que disponían los indígenas se habían sofisticado con el tiempo. Ahora tenían un cóctel Molotov de fabricación propia, consistente en una botella de gaseosa con algo de gasolina y hierros con aceite, de la que sale una mecha. Suficiente para poner en problemas a dos o tres soldados armados. Además, había hondas, como las que empleaban sus antepasados para cuidar de los animales el maíz en crecimiento. En todo caso, nada comparable con las armas de los soldados, de ahí que tuvieran que utilizar su ingenio.

El plan a seguir para detener al soldado consistía en que una muchacha, la más atractiva del pueblo, de tan sólo 14 años, entretuviera al último de la fila en un tramo que estuviera en curva, para que los demás le perdieran rápidamente de vista. El riesgo de que violaran a la chica entre varios era alto, puesto que entraba dentro de sus prácticas habituales. Sin embargo, la muchacha consiguió distraer al soldado con algo de conversación, mientras varias personas, entre las que se encontraba Rigoberta, lograron desarmarle con el viejo truco de apuntarle por detrás con algo que pareciera un arma. Así, le arrebataron una pistola, un fusil y varias granadas. Rigoberta cuenta divertida que estuvo apuntando al soldado durante todo el camino con un arma que no tenía ni idea de cómo utilizar, por lo que en cualquier momento podría haber sido desarmada, pero ella actuó como si supiera perfectamente lo que estaba haciendo y la pantomima funcionó. El resto del pueblo les esperaba impaciente y hubo una gran alegría cuando les vio llegar.

Retuvieron durante un tiempo al soldado, escondiéndole en una casa perdida del bosque. Le despojaron de sus ropas militares, que podrían servir para alguna otra acción en el futuro y le vistieron con ropa de civil. Al parecer, las madres de la aldea conversaron con el hombre para convencerle de que su raza merecía un respeto, que costaba mucho traer un hijo al mundo y verle crecer sano para que después se hiciera soldado y se convirtiera en un criminal. Más adelante, fueron los hombres los que trataron de inculcarle su responsabilidad como soldado de vigilar desde dentro a la tropa para que no matara ni violara inocentes. Después, le hablaron de que lucharían hasta el final para proteger su comunidad y que nada tenían en contra de los soldados. Su lucha era contra los mandos poderosos que dan las órdenes. Aún así, a algunos les dieron ganas de matar al soldado, pero la mayoría estaba de acuerdo en que esa vida podía cambiar otras vidas y decidieron dejarle en libertad, para ver si el mensaje calaba en el grupo. Cuando el soldado llegó con los suyos, la tropa creyó que la emboscada había sido obra de los guerrilleros y se alejó del lugar. Es posible que los propios compañeros dieran muerte al soldado, ya que podrían haberle considerado un infiltrado. Una vez que un soldado abandona las armas, suele ser fusilado.

De ese modo, el Ejército se mantuvo alejado del lugar durante un tiempo, lo cual llenó de satisfacción a la incipiente resistencia de Rigoberta y los suyos. Con las armas nunca supieron bien qué hacer, porque nadie las sabía utilizar. Tampoco se atrevieron a preguntar en otros lugares para no ser tomados por guerrilleros. Dejaron de visitar el pueblo más cercano para hacer compras con el fin de evitar que tomaran represalias. Una vida más autogestionada y aislada, si cabe, les esperaba. Compraban a otras aldeas lo más imprescindible y cultivaban el resto en sus tierras. Parecían suficientemente organizados cuando Rigoberta decidió dejar su aldea y dirigirse a otras para enseñar lo aprendido. La lucha por la liberación de los pueblos indígenas había comenzado para ella.

Trabajo político en el exterior

Salir del entorno familiar fue una decisión difícil para Rigoberta. Difícil pero casi obligada. Sentía la imperiosa necesidad de emprender una lucha firme en el exterior para acabar con todo lo que estaba llegando a sus oídos. Supo de las violaciones a mujeres de otros pueblos y de los embarazos producto de esos abusos cometidos por soldados. Ante eso no podía permanecer quieta, primaba su compromiso como indígena y como cristiana.

Así, puso rumbo a las aldeas de algunas amigas que había conocido en las fincas y en las jornadas de recolección alrededor de la zona. Durante los períodos que pasaba en la aldea, a veces salía a recoger jutes, unos moluscos comestibles parecidos a caracoles que se encuentran en los ríos. Allí tenía contacto con otras chicas como ella, de otras comunidades cercanas. Juntas iban a venderlos al pueblo, puesto que se trata de un producto bastante reclamado que sólo se obtiene en las montañas. Así es como Rigoberta, en un ambiente jovial alrededor del río, conoció a las muchachas con las que luego se volvería a cruzar en el corte de algodón. Cuando, tiempo después, tuvo noticia de que varias de ellas habían sido violadas no le quedó otro remedio que trasladarse, ir a verlas, intentar estar a su lado y prestarles su apoyo.

Dos de sus amigas habían quedado embarazadas y rechazaban al retoño que llevaban dentro. Lloraban diciendo que no querían dar vida al hijo de un soldado. Los mayores del lugar explicaban que esto ya había pasado antes, cuando muchos indígenas tuvieron descendencia durante la colonización sin el amor que se debe sentir por un hijo. Una de estas chicas consiguió abortar con permiso de la comunidad, posiblemente con ayuda de plantas medicinales. No disponemos de mucha información acerca de esto, porque Rigoberta no trata mucho el tema, pero es muy probable que Juana, su madre, recibiera formación de un chamán durante su juventud, el cual la habría enseñado no sólo el uso de las hierbas con fines terapéuticos, sino secretos místicos relacionados con el agua, el sol y los animales. Rigoberta cuenta que era una verdadera experta en pronosticar el tiempo, entre otras muchas cosas. Por ejemplo, en la época de lluvias es muy frecuente sufrir infecciones en los pies, a causa del frío y el lodo. Bien, pues Juana Tum les quemaba las plantas de los pies a sus hijos con tallos tiernos de la hoja de chilacayote para que curaran en poco tiempo. Les enseñó a utilizar plantas medicinales típicas como el *sik'aj* para los parásitos intestinales, el *k'a q'eyes* para la gripe y la fiebre, el *xew'xew* para el mal de ojo o el *saq ixoq* para el dolor de estómago. No sólo eso, al parecer tenía conocimientos de iniciada en el arte de interpretar señales, una aptitud reservada a los *ajq'iij* o sacerdotes mayas, verdaderos expertos en leer los signos de los tiempos.

Anteriormente hemos comentado que las variadas etnias mayas guatemaltecas hablan lenguas diferentes. Sin embargo, estos pueblos cercanos se comunicaban en quiché, la rama dominante. Otras lenguas madre, de las que derivan multitud de dialectos distintos, son el cakchiquel y el mam, idiomas que no siempre están asociados a una etnia particular, lo que hace que la variedad lingüística y cultural sea enorme. En cualquier caso, Rigoberta podía entenderse con estas mujeres con relativa facilidad. Supo que otras dos de las chicas violadas, de 14 años de edad, pese a no haber quedado embarazadas, se encontraban enfermas, con dificultades para andar y para comer. Rigoberta las acompañó durante unos días y vio cómo se reforzaba su postura de lucha ante tanta injusticia.

Más adelante, se dirigió a un poblado cercano, Cotzal. Era éste un pueblo con un amplio historial de represión sobre sus espaldas. Mujeres violadas, hombres torturados y familias enteras desaparecidas conformaban un panorama desolador. En este lugar, Rigoberta conoció a una anciana muy particular. En Guatemala la esperanza de vida debía estar en torno a los 50 o 60 años a lo sumo, sin embargo, la vieja indígena había alcanzado los 90, lo que la convertía en un caso muy raro. Nueve décadas era tiempo suficiente para haber visto morir a su marido y a todos sus hijos. De hecho, el último de ellos acababa de haber sido asesinado. En esas condiciones la anciana acudió a buscar refugio a Cotzal. Los integrantes de la comunidad dudaron qué hacer, ya que pensaban que ése no era un lugar seguro para ella, hasta que Rigoberta les enseñó la manera de organizarse y de convertir su hogar en un sitio más seguro. Este hecho suponía mucho más que una simple ayuda; suponía colaboración entre diferentes pueblos y diferentes etnias, un salto cualitativo en las escasas relaciones entre comunidades cerradas.

Pusieron en práctica, a partir de ese momento, las maniobras de defensa empleadas por el pueblo de los Menchú. Vigilancia y señales de alarma, huida a las montañas, ayuda de los perros, trucos para despistar a los soldados y muchas otras trampas que habían demostrado ser útiles. No obstante, la diáspora a través de los bosques seguía siendo obligada. La anciana pasaba frío bajo las lluvias torrenciales, sobre todo por las noches, así que un día decidió que no abandonaría su casa, aún a riesgo de jugarse la vida. No fue fácil asumir que la señora mayor se iba a quedar sola ante el peligro. A pesar de ello, respetaron su decisión: entendieron que a nadie debía cuentas ya, sin hijos, sin marido, habiendo dejado su sabiduría en el seno de la comunidad, un modo de seguir luchando era resistir en su propia casa.

Los indígenas se perdieron en la profundidad de la vegetación mientras la anciana cavaba una zanja en la puerta de su casa y dejaba sus armas, cuchillos, piedras y azadones, colocadas en un sitio cercano. De repente, los vigilantes hicieron brillar los ocotes en la lejanía. Era señal de que un destacamento se acercaba. El número de vueltas que daba la luz señalaba la cantidad de soldados que se avecinaban. El pánico se hizo dueño del grupo, ya que todos pensaban que la milicia acabaría con la anciana. En la madrugada, los perros ladraban y los disparos resonaban hasta el bosque. Pasado un tiempo, que se hizo interminable en la espera, las teas encendidas señalaban que una parte de la milicia se marchaba, aunque no toda.

Al amanecer, cuando la mayoría daba por muerta a la anciana, ésta apareció en el bosque. La primera impresión fue unánime: sólo podía explicarse su supervivencia si actuaba de espía para transmitir información a las autoridades gubernativas. No cabía otra posibilidad. La solución era simple: no habría otro remedio que ajusticiarla, a pesar de que se hubiera ganado el cariño de la comunidad. Sin embargo, una mezcla de ansiedad y alegría se adueñó de ellos cuando les contó que había matado a un soldado. Sonaba increíble porque además de vieja estaba casi ciega, pero enseñó las armas del soldado y relató cómo en su huida había conseguido darle un hachazo en la cabeza a uno, cosa que comprobaron al regresar. Vieron que la herida no había sido mortal, pero sí los disparos de sus compañeros que, al creer estar frente a los guerrilleros, escaparon rápido no sin antes rematar al malherido. En su caótico repliegue, otro de ellos cayó en una de las profundas zanjas excavadas y allí lo encontraron al volver. Indudablemente, la anciana volvía a tener ganas de luchar, sobre todo porque se sentía orgullosa de haber conseguido un arma como la que habían empleado para matar a sus hijos.

El cadáver del soldado muerto fue llevado a un camino donde alguna patrulla militar pudiera encontrarlo. En cambio, no sabían muy bien qué hacer con el otro soldado. Rigoberta propuso mantener la misma actitud que con el apresado en su comunidad. Así, las mujeres embarazadas hablaron con él y le explicaron que estaban criando al hijo de uno de los suyos, un engendro no deseado, casi un monstruo para ellas. La presión psicológica fue suficiente para que el soldado admitiera que él no quería eso, que obedecía órdenes por obligación y que en caso de no cumplirlas, le matarían. El hecho de desobedecer o de abandonar las armas era frecuentemente motivo de pena capital. Explicó que allí todos se debían al capitán y que desde los primeros días se torturaba a los indígenas. Se les obligaba a renunciar a sus costumbres, consideradas propias de seres inferiores, y se les enseñaba el español a base de golpes. Cuando salían de patrulla, el capitán se colocaba al final de la fila para pegar un tiro al que no siguiera al grupo. Pese a todo, le pidieron que escapara de esa situación, que huyera o hiciera cualquier cosa antes de convertirse en un criminal con su propio pueblo.

Todos estos sucesos ayudaron a Rigoberta a tomar conciencia de que los culpables de la situación no eran los soldados, desde el momento en que ellos también se veían obligados a asumir un papel que no deseaban. Es el sistema imperante el que obliga a los pueblos a matarse entre sí. De tal modo, el problema reside en que una minoría de ricos ostentan mucho poder, tanto como para hacer luchar a los indígenas entre ellos.

El soldado fue liberado y toda la comunidad se quedó convencida de que jamás volvió a las filas. Era la segunda vez que Rigoberta tenía una experiencia de este tipo y en ella, de algún modo, se fraguó la esperanza de que un cambio era posible. Dejemos que Rigoberta nos cuente sus sensaciones:

> *Los únicos que se salvaron fueron obligados a tomar una lucha radical, tuvieron que alzarse a la montaña. No había un término medio que te permitiera ser un dirigente sin que fueras un excluido, una viuda, un huérfano clandestino o un guerrillero muerto. Según el testimonio de nuestros ancianos, la inmensa mayoría de asesinos nunca más fueron felices: unos se mataron entre sí, otros se enfermaron y vivieron una agonía demasiado cruel, otros se murieron de pura borrachera, se murieron alcohólicos, sentían vergüenza ante sus familiares; otros se suicidaron, otros se quedaron en la soledad porque se quedaron sin amigos. Otros asesinos se volvieron locos. Otros rezan día y noche pero no sienten el perdón de Dios, así que casi a diario se cambian de religión; ya pasaron por todas las religiones del mundo, pero no tienen tranquilidad. Algunos matones tienen miedo a la oscuridad y los que tratan de vivir felices siguen matando o esperan su castigo. Así es la historia de nuestro pueblo. Parece que los asesinos son fugitivos para siempre. Huyeron de Dios y huyeron de la justicia humana.*

V. AÑOS DE REPRESIÓN

El Comité de Unidad Campesina

El CUC fue una organización clandestina hasta mayo de 1978. El padre de Rigoberta se incorporó a él justo cuando se estaba estableciendo de forma oficial y el Gobierno empezaba a reconocer su existencia y validez. Fue en esa época cuando, tanto Rigoberta como su padre, regresaron a casa para despedirse un poco más definitivamente de su familia. En el caso de Vicente porque cada vez tenía más restringidos sus movimientos y se hacía extremadamente peligrosa su presencia en aquel lugar; en el caso de Rigoberta porque comenzaba una andadura que la iba a mantener muy alejada de su gente. La comunidad quiché organizó una celebración repleta de simbología maya. Sacaron sus instrumentos más característicos, hicieron tamales, mataron unos cerdos, obtuvieron atol, su bebida preferida, hecha a base de maíz y cocida con agua, leche, sal y azúcar, y montaron una fiesta como hacía mucho que no se recordaba.

El momento cumbre de la ceremonia tuvo lugar a medianoche, cuando los homenajeados tomaron la palabra y se despidieron de la comunidad. Otros lugares esperaban y al escuchar su adiós una mezcla de alegría y tristeza se apoderó de todos ellos. La despedida alcanzó a muchos otros integrantes de la comunidad que, por estar amenazados, tenían que abandonar la aldea y esconderse en las montañas. Al día siguiente, Vicente Menchú partió hacia el Quiché y, unos días más tarde, su hija se dirigió a organizar tareas del Comité.

El CUC trató de acabar con todas las desastrosas condiciones de trabajo que hemos comentado con anterioridad, entre muchas otras. El problema de la parcelación de la tierra y la tala de árboles, esto es, la solicitud de permiso y el impuesto subsiguiente, obligó a muchos campesinos a abandonar el altiplano y dirigirse a las fincas, donde no tenían que cultivar las pequeñas parcelas ni cortar leña. Entretanto, los grandes comerciantes obtenían permiso para talar grandes masas forestales delante de los ojos indignados de los indígenas. En las fincas de la costa las condiciones laborales eran malas, pero empezaron a empeorar con la masiva llegada de trabajadores. Creció el desempleo y los terratenientes se vieron ante la posibilidad de endurecer las condiciones, por ejemplo, con el tema de las comidas o los despidos en masa. En este contexto, el CUC comenzó a organizar a los campesinos en ambos escenarios, el altiplano y la costa.

El camino de su legalización tampoco fue fácil. En un primer momento, actuó como un conjunto de comunidades de base que más adelante se constituyó como sindicato. En ese intervalo, sus dirigentes fueron perseguidos y amenazados, como el padre de Rigoberta.

Fue en 1978 cuando el general Kjell abandonó el poder y entró a formar parte del Gobierno Lucas García. El proceso de obtención de votos era prácticamente el mismo, con la diferencia de que los indígenas ya no confían en las palabras. No obstante, salió elegido gracias a las amenazas de represión si no acudían a votar. Aunque la mayoría de los votos fueron en blanco o nulos, los resultados mostraron otra cosa. A partir de entonces, poco cambió: la situación de las tierras y los campesinos continuó siendo similar, aunque la represión se vio recrudecida. En mayo de 1978, justo antes de subir al poder, 106 campesinos de Panzós, una región kekchi de Cobán, cabecera del departamento de Alta Verapaz, fueron masacrados. Era la primera gran matanza colectiva de indígenas. Los kekchis se habían negado a dejar sus tierras después de que el Gobierno hallara petróleo en aquel lugar. Sin embargo, aunque la prensa recogió el suceso, el foco de atención se centraba en el cambio de poder, por lo que no tuvo mucha repercusión en la opinión pública. En cambio, para los indígenas supuso todo un mazazo en su identidad colectiva.

El CUC, en semejante escenario, luchó por los derechos de los trabajadores. En concreto, por obtener un salario justo, unas condiciones dignas, un respeto de las costumbres, la religión, el idioma, etc. Por otra parte, como se habla de campesinos, no exclusivamente de indígenas, comienzan a establecerse relaciones entre indígenas y ladinos explotados. Todos en común convocaron manifestaciones, hicieron escritos y se siguió huyendo de la represión.

Ante la opinión pública, los empresarios aceptaron elevar el salario mínimo a 3,20 quetzales, pero en la práctica continuaban pagando el anterior: 1,25. Por otra parte, en el altiplano, el presidente Lucas García hizo levantar gran cantidad de campamentos militares. La situación se complicaba por momentos. Es la época de las torturas, las masacres y las violaciones. Pueblos de la zona del Quiché como Chajul, Cotzal y Nebaj sufrieron de nuevo la represión. Comienzan a aparecer cementerios comunes en medio de cualquier parte. Grupos de cadáveres en el fondo de un barranco y los soldados esperando por si llegaran familiares a recogerlos. Toda esta situación desemboca en la huelga de los mineros de Ixtahuacan en 1977. Los campesinos se unen al resto de los obreros en una lucha conjunta; hasta 70.000 campesinos coordinados por el CUC dejaron de trabajar en la Costa Sur como protesta.

A partir de 1979, cuando Rigoberta comienza a asumir responsabilidades dentro del Comité y a viajar por diferentes lugares, se le hace completamente necesario hablar español. Ya entendía casi perfectamente todas las conversaciones, pero sentía que una gran barrera impedía a los indígenas expresarse. Y tenían mucho que decir. Se propuso aprender, entonces, no sólo el castellano, sino también lenguas indígenas como el mam, el cakchiquel y el tzutuhil. Sin embargo, las confusiones eran demasiado frecuentes. Tratar de dominar 22 lenguas indígenas además del español no era factible, lo cual hizo que, por razones prácticas, se concentrara en el aprendizaje del español como lengua compartida por muchos. En ese sentido, las religiosas jugaron un papel fundamental. Rigoberta se siente muy agradecida por su ayuda durante aquellos difíciles años.

Durante todo 1979, Rigoberta estuvo organizando a la gente en el CUC y no volvió a visitar su hogar. Su nombre entró en la lista de perseguidos, así que permaneció de viaje por diversos pueblos, lo que le permitió ponerse en contacto con mucha gente. Rigoberta ha comentado que ese período de su vida fue muy feliz, porque recibía el cariño de muchas personas procedentes de diversas etnias, lo cual le hacía sentir como en casa. El único problema en ese intercambio era, como decíamos, el idioma. Nuestra protagonista se estaba convirtiendo en toda una líder sindical, pero seguía sin poder llegar a todo el mundo, así que empezó a enseñar lo poco que sabía a otras mujeres. Necesitaba sentir que los indígenas y los ladinos pobres se entendían entre sí. A su vez, un compañero del grupo, un maestro ladino, comenzó a enseñar a Rigoberta cosas del idioma y algo mucho más importante, cómo acabar con los prejuicios. Este amigo del CUC, cuyo nombre no conocemos, facilitó con su comportamiento que Rigoberta abandonara definitivamente aquella concepción equivocada de que todos los ladinos eran iguales. Muchas noches pasaron hablando juntos, escondidos, ya que el ambiente no propiciaba todavía ese tipo de reuniones.

Rigoberta recogía dentro del CUC las opiniones de los distintos departamentos. Conseguía reunirlas y llevarlas a la coordinadora regional, de donde partían a nivel nacional. Las acciones emprendidas debían tener repercusión global porque se había demostrado que de poco servían las iniciativas aisladas. Esta labor de gestión y de intercambio, junto a la experiencia vivida con su amigo ladino, le abrió todo un campo de tolerancia y de nuevas ideas. El hecho de compartir los mismos problemas y las mismas miserias le enseñó a ser más flexible con aspectos de la vida ladina que antes no comprendía. Porque Rigoberta, sin duda, pues ella misma así lo reconoce, también tenía posturas radicales producto de muchos años de agresión y discriminación.

En esas discusiones políticas la mayoría estaba de acuerdo en que la raíz de todos los problemas era, efectivamente, la posesión de la tierra, aunque como asunto de importancia similar estaba la separación existente entre ladinos e indígenas, que causaba tantas injusticias o más. Si a la explotación se une la discriminación el problema social se multiplica exponencialmente.

Rigoberta veía que, aunque ladinos e indígenas pobres compartían las mismas contrariedades, había una serie de diferencias alentadas desde el sistema que los mantenía separados. Y no era solamente el idioma. Veía que para algunas personas, en lo más profundo de sí, el ladino era considerado más puro que el indígena. Recuerda los episodios de rechazo, las veces en que los ladinos se apartan cuando un indígena entra en una camioneta o en un espacio reducido porque lo consideran sucio. Por otra parte, Rigoberta también tenía prejuicios: pensaba que los ladinos eran tan diferentes que nunca podrían entender la cultura indígena. De ahí que le costara asumir que podía andar en compañía de un ladino, que podía hablar con él de igual a igual. No obstante, las diferencias culturales y las barreras étnicas que se habían convertido en una fuerte brecha de separación podían empezar a desaparecer. Su confianza creció y ahora sentía que ella también tenía cosas que ofrecer a los ladinos. Quizá no fuera una mujer ilustrada, con una formación académica precisa, pero tenía buenos conocimientos sobre la historia de su pueblo y un amplio bagaje cultural, producto de su experiencia dentro de su etnia y del contacto con otras muchas. Eso la convertía en una persona muy valiosa para los cambios que se avecinaban.

Seguimos en el año 1979. La Organización se abría camino en Guatemala, hasta el punto de estar presente en la mayoría del país. No es de extrañar que disfrutara de tanta aceptación, ya que la mayor parte de la población es pobre y se dedica a labores agrícolas. La zona oriental del territorio, sin embargo, se resistía. Aquí no es que no hubiera indígenas, que los había, sino que se habían transformado en otra cosa. Pocos eran los que conservaban los trajes o las lenguas autóctonas; la mayoría desempeñaba cargos en las fincas, ya fuera como soldados, supervisores, oficiales o comisionados militares. Rigoberta vio más claro que nunca que el desarrollo de una educación no garantizaba la calidad de la enseñanza. Ella nunca había tenido escuela, o no al menos la escuela que todos conocemos, pero comprendía que la conquista de los españoles y todas sus consecuencias sobre el mundo indígena no habían sido, como enseñaban en aquella parte del país, una victoria por la que alegrarse. Mucho menos si lo que pretende conseguir aquella educación es acabar con la cultura indígena e imponer una forma de pensar en sintonía con el poder. Rigoberta sabía que, aunque las apariencias pudieran mostrar lo contrario, los indígenas eran capaces de pensar por sí mismos, de tener una opinión formada sobre las cosas. Otra cuestión es que se les haya negado un espacio y una voz con la que expresarse.

Muerte de su hermano

En ese mismo año de 1979 sucedió un episodio terrible que marcó la vida de Rigoberta muy profundamente. Ya habíamos comentado que, con la marcha de la joven sindicalista y la huida de su padre, la familia Menchú quedó escindida. El más pequeño de los hermanos varones, de tan sólo 16 años, había ocupado el cargo de secretario de la comunidad. Un domingo 9 de septiembre, este chico, llamado Patrocinio Menchú, desapareció. Fue secuestrado mientras iba de camino a otra aldea con la que colaboraba acompañado de una chica. A Rigoberta le llegó la noticia cuando estaba en Huehuetenango, mientras que su madre se enteró cuando fue a buscarle al pueblo y no pudo encontrarlo. Posiblemente le entregó un miembro de la comunidad a cambio de no mucho dinero, unos 15 dólares, según la propia Rigoberta. En ocasiones, hasta las personas más implicadas con la comunidad venden a sus propios hermanos por necesidad. Cuando se lo llevaron, la chica que iba con él y su madre trataron de seguirle para averiguar adónde se dirigían, pero ante los golpes y las amenazas de los soldados nada pudieron hacer. Amenazaron con violarlas y con torturarlas a ellas también. Patrocinio estaba siendo retenido supuestamente por comunista y subversivo, o eso les dijeron a las mujeres los soldados cuando desaparecieron definitivamente dentro del campamento.

Patrocinio era poco más mayor que Rigoberta. Se habían criado juntos y sentía por él un cariño especial. Los meses antes de este episodio cuenta Rigoberta que varios presagios y señales negativas se sucedieron en la aldea. La cosmovisión maya representó su papel: varias colmenas de abejas se fueron marchando del pueblo y eso se interpretó como un signo de separación familiar; los sueños se multiplicaron y algunos animales como el búho y el murciélago cantaron la noche en que Patrocinio se marchó. Juana Tum, la madre de Rigoberta, presentía que algo malo iba a suceder.

Rigoberta averiguó, tiempo después, a lo que estuvo sometido su hermano aquellos días. Después de caminar esposado y a golpe de culata durante esos kilómetros, tenía la cara desfigurada de chocar contra los árboles y los pedruscos del suelo. Apenas podía caminar cuando las muchachas lo perdieron de vista; sus ojos ya no veían, a causa de la sangre, la hinchazón y las piedras clavadas. Al parecer, le estuvieron interrogando durante días, intentando averiguar qué relación tenía con los guerrilleros, dónde se escondían, quién era su familia y qué papel jugaban los religiosos como elementos subversivos. Entretanto, le sometieron a horribles torturas: le daban palizas, le ataban los testículos, le dejaban por la noche desnudo en un pozo oscuro y húmedo rodeado de cadáveres en descomposición. Varias de las personas encerradas en aquel lugar y algunos de los muertos eran amigos suyos, compañeros catequistas o colaboradores de otras aldeas. Así transcurrieron 16 días: le arrancaron las uñas, le cortaron la piel y algunos dedos, le quemaron la piel y las heridas se fueron infectando. Pese a ello, logró sobrevivir. Se cuidaban de darle alimento periódicamente y de respetar los vasos sanguíneos principales y los órganos vitales.

Entretanto, la familia Menchú se había reunido por completo en la aldea. A Rigoberta y a su madre les resultó imposible hacer nada por liberar a su hermano. Las hubieran matado o secuestrado allí mismo. Lo sabían porque, cuando trataban de hablar con el Ejército, las amenazaban con hacer lo mismo con ellas. Incluso una vez le dijeron a la madre que su hijo estaba siendo torturado, que no se preocupara. La impotencia era enorme.

Unos días más tarde, el 23 de septiembre, llegó un comunicado a las aldeas de la zona. Los boletines anunciaban un castigo público y severo para los guerrilleros. Todos estaban convocados a presenciarlo y el que no acudiera sería acusado de desobediencia y de complicidad con la guerrilla. Toda la familia Menchú se puso en camino a la vecina aldea de Chajul. Atravesaron la montaña caminando toda la tarde y parte de la noche hasta llegar a un pueblo rodeado de controles militares, tanquetas, camiones y helicópteros que sobrevolaban el poblado. Los militares se protegían del ataque de los guerrilleros durante aquel acto anunciado. La plaza estaba llena de niños, mujeres y hombres cercados por las tropas cuando el oficial comenzó a exclamar su comunicado. Anunció que iba a llegar un grupo que recibiría su castigo por tratarse de guerrilleros comunistas, cubanos y subversivos. La insistencia en esta palabra resulta llamativa: comunistas. Ninguna nación del mundo y menos las que estaban en la órbita de Estados Unidos permaneció ajena a las consecuencias de la política de bloques. El apoyo del Gobierno norteamericano a la lucha contrainsurgente sembró una profunda semilla de sensibilidad anticomunista en los sectores poderosos de Guatemala.

Así, al poco, llegaron tres camiones, uno de los cuales llevaba a los detenidos. Lo que sigue es una descripción desgarradora de lo que nuestra protagonista dijo ver con sus propios ojos. No hemos encontrado mejor manera de hacérselo llegar al lector que transcribiendo la voz de la mejor de las testigos, la propia Rigoberta. Los sucesos que a continuación se detallan son brutales y dolorosos, aun viéndolos con la distancia del tiempo y del espacio. Hace más de 25 años de aquello. Era 1979, en un pueblo de Guatemala y así lo recuerda Rigoberta:

> *Empezaron a sacar uno por uno. Todos llevaban uniforme del ejército. Pero veíamos las caras monstruosas, irreconocibles. Entonces mi madre se acerca al camión para ver si reconocía a su hijo. Cada uno de los torturados tenía diferentes golpes en la cara. O sea, llevaban diferentes caras cada uno de ellos. Y mi mamá va reconociendo al hermanito, a su hijo, que iba allí entre todos. Los pusieron en fila. Unos, casi, casi estaban medio muertos o casi estaban en agonía y los otros se veía que sí, los sentían muy bien, muy bien. El caso de mi hermanito, estaba muy torturado y casi no se podía parar. Todos los torturados llevaban en común que no tenían uñas, les habían cortado partes de*

las plantas de los pies. Iban descalzos. Los obligaron a caminar y los pusieron en fila. Se caían inmediatamente al suelo. Los recogían. Había una tropa de soldados que estaban al tanto de lo que mandaba el oficial. Y sigue su rollo el oficial donde dice que nos teníamos que conformar con nuestras tierras, nos teníamos que conformar con comer nuestros panes de chile, pero que no teníamos que dejarnos llevar por las ideas de los comunistas. Que todo el pueblo tenía acceso a todo, que estaba contento. Casi repitió, si no me equivoco, unas 100 veces comunistas. Empezaba desde la Unión Soviética, de Cuba, de Nicaragua y que ahora estaban en Guatemala. Y que a esos cubanos les tocaba la muerte como la que les tocaba a los torturados. Cada pausa que hacía en su discurso, levantaban a los torturados con culatazos, con sus armas. Nadie podía salir del círculo del mitin. Todo el mundo estaba llorando. Yo, no sé, cada vez que cuento esto, no puedo aguantar las lágrimas porque para mí es una realidad que no puedo olvidar y tampoco para mí es fácil contarlo. Mi madre estaba llorando. Miraba a su hijo. Mi hermanito casi no nos reconoció. O quizá... Mi madre dice que sí, que todavía le dio una sonrisa, pero yo, ya no vi eso, pues. Eran monstruos. Estaban gordos, gordos, gordos todos. Inflados estaban, todos heridos. Y yo vi, que me acerqué más de ellos, la ropa estaba tiesa. Tiesa del agua que les salía por los cuerpos. Como a la mitad del discurso, sería como una hora y media o dos horas ya, el capitán obligó a la tropa a que le quitara la ropa de los torturados para que todo el mundo se diera cuenta del castigo si nos metíamos en comunismos, en terrorismo, nos tocaría ese castigo. Amenazando al pueblo. Y forzosamente querían que se cumpliera lo que ellos decían. No podían quitarles la ropa a los torturados así nada más. Entonces vienen los soldados y cortan con tijeras la ropa desde los pies hasta arriba y quitan la ropa encima de los cuerpos torturados. Todos llevan diferentes torturas. El capitán se concentró en explicar cada una de las torturas. Esto es perforación de agujas, decía. Esto es quemazón con alambres. Así explicaba cada una de las torturas y de los torturados. Había tres personas que parecían vejiga. O sea, inflados, pero no tenían ninguna herida encima del cuerpo. Pero estaban inflados, inflados. Y decía él que esto es precisamente de algo que les metemos en el cuerpo y duele. Lo que importa es que ellos sepan que esto duele y que el pueblo sepa que no es fácil tener un cuerpo como el que llevaban. El caso de mi hermanito, estaba cortado en diferentes partes del cuerpo. Estaba rasurado de la cabeza y también cortado de la cabeza. No tenía uñas. No llevaba las plantas de los pies. Los primeros heridos echaban agua de la infección que había tenido el cuerpo. Y el caso de la compañera, la mujer a la que por cierto yo la reconocí. Era de una aldea cercana a nosotros. Le habían rasurado sus partes. No tenía la punta de uno de sus pechos y el otro lo tenía cortado. Mostraba mordidas de dientes en diferentes partes de su cuerpo. Estaba toda mordida la compañera. No tenía orejas. Todos no llevaban parte de la lengua o tenían partida la lengua en partes. Para mí no era posible concentrarme, de ver que pasaba eso. Uno pensaba que son humanos y que qué dolor habrían sentido esos cuerpos de llegar hasta un punto irreconocible. Todo el pueblo lloraba, hasta los niños. Yo me quedaba viendo a los niños. Lloraban y tenían un miedo. Se colgaban encima de sus mamás. No sabíamos qué hacer. Durante el discurso, el capitán mencionaba que nuestro Gobierno era democrático y que nos daba de todo. Qué más queríamos. Que los subversivos traían ideas extranjeras, ideas exóticas que nos llevaba a una tortura y señalaba a los cuerpos de los hombres. Y que si nosotros seguíamos las consignas exóticas, nos tocaba la muerte como les toca a ellos. Y que ellos tenían todas las clases de armas que nosotros queramos escoger, para matarnos. El capitán daba un panorama de todo el poder que tenían, la capacidad que tenían. Que nosotros como pueblo no teníamos la capacidad de enfrentar lo que ellos tenían. Era más que todo para cumplir el terror en el pueblo y que nadie hablara. Mi madre lloraba. Casi, casi mi madre exponía la vida por ir a abrazar, por ver a su hijo. Mis hermanos, mi papá tuvieron que detenerla para que no expusiera su vida. Mi papá, yo lo veía, increíble, no soltaba una lágrima sino que tenía una cólera. Y esa cólera claro, la teníamos todos. Nosotros más que todo nos pusimos a llorar, *como todo el pueblo lloraba. No podíamos creer, yo no creía que así era mi hermanito. Qué culpa tenía él, pues. Era un niño inocente y le pasaba eso. Ya después, el oficial mandó a la tropa llevar a los castigados desnudos, hinchados. Los llevaron arrastrados y no podían caminar ya. Arrastrándoles para acercarlos a un lugar. Los concentraron en un lugar donde todo el mundo tuviera acceso a verlos. Los pusieron en filas. El oficial llamó a los más criminales, los kaibiles, que tienen ropa distinta a los demás soldados. Ellos son los más entrenados, los más poderosos. Llaman a los kaibiles* [kaibil significa tigre en lengua lehil] *y éstos se encargaron de echarles gasolina a cada uno de los torturados. Y decía el capitán, éste no es el último de los castigos, hay más, hay una pena que pasar todavía. Y eso hemos hecho con todos los subversivos que hemos agarrado, pues tienen que morirse a través de puros golpes. Y si eso no les enseña nada, entonces les tocará a ustedes vivir esto. Es que los indios* [indio se utiliza en ocasiones en sentido despectivo] *se dejan manejar por los comunistas. Es que los indios, como nadie les ha dicho nada, por eso se van con los comunistas, dijo. Al mismo tiempo quería convencer al pueblo pero lo maltrataba en su discurso. Entonces los pusieron en orden y les echaron gasolina. Y el ejército se encargó de prenderles fuego a cada uno de ellos. Muchos pedían auxilio. Parecían que estaban medio muertos cuando estaban allí colocados, pero cuando empezaron a arder los cuerpos, empezaron a pedir auxilio. Unos gritaron todavía, muchos brincaron pero no les salía la voz. Claro, inmediatamente se les tapó la respiración. Pero, para mí era increíble que el pueblo, allí muchos tenían sus armas, sus machetes, los que iban camino del trabajo, otros no tenían nada en la mano, pero el pueblo, inmediatamente cuando vio que el ejército prendió fuego, todo el mundo quería pegar, exponer su vida, a pesar de todas las armas... Ante la cobardía, el mismo ejército se dio cuenta de que todo el pueblo estaba agresivo. Hasta en los niños se veía una cólera, pero esa cólera no sabían cómo demostrarla. Entonces, inmediatamente el oficial dio orden a la tropa que se retirara. Todos se retiraron con las armas en la mano y gritando consignas como que si hubiera habido una fiesta. Estaban felices. Echaban grandes carcajadas y decían: ¡Viva la patria! ¡Viva Guatemala! ¡Viva nuestro presidente! ¡Viva el ejército! ¡Viva Lucas! El pueblo levantó sus armas y corrió [hizo huir] al ejército. Inmediatamente salieron. Porque lo que se temía allí era una masacre. Llevaban toda clase de armas. Incluso los aviones encima volaban. De todos modos, si hubiera un enfrentamiento con el ejército, el pueblo hubiera sido masacrado. Pero nadie pensaba en la muerte. Yo, en mi caso, no pensaba en la muerte, pensaba en hacer algo, aunque fuera matar a un soldado. Yo quería demostrar mi agresividad en ese tiempo. Muchos del pueblo salieron inmediatamente a buscar agua para apagar el fuego y nadie llegó a tiempo. Muchos tuvieron que ir a acarrear el agua, pero quedaba muy lejos y nadie pudo hacer nada. Los cadáveres brincaban. Aunque el fuego se apagó, seguían brincando los cuerpos. Para mí era tremendo aceptarlo. Bueno, no era únicamente la vida de mi hermanito. Era la vida de muchos y uno no pensaba que el dolor no era sólo para uno sino para todos los familiares de los otros. ¡Sabrá Dios si se encontraban allí o no! De todos modos eran hermanos indígenas. Y lo que uno pensaba era que a los indígenas ya la desnutrición nos mata. Y cuando apenas los padres nos pueden dar un poco de vida y hacernos crecer con tanto sacrificio, nos queman de esta forma. Salvajemente. Yo decía, esto no es posible y allí fue precisamente donde a mí, en lo personal, se me concretiza mi fe de decir, si es pecado matar a un ser humano ¿por qué no es pecado lo que el régimen hace con nosotros?*

El pueblo se recompuso de aquella tragedia como pudo. Tapó los cadáveres, recogió los restos, los metió en cajas y buscó un sacerdote que bendijera los mantos que los cubrían. El lugar se llenó de flores en poco tiempo. El dolor se mezclaba con la indignación, que de algún modo también daba fuerzas para seguir adelante. A Juana Tum no le alcanzaba más que para el dolor. Arrodillada, Rigoberta recuerda cómo besaba el cuerpo todavía caliente de su hijo. Los demás deseaban irse a casa. La visión del horror hacía crecer la cólera. Decidieron sepultarlos en aquel mismo lugar, convertirlo en una plaza santa. Comenzó a llover a cántaros.

Despedida de su tierra

La familia Menchú regresó a casa. Caminando como si estuvieran enajenados; absortos, sin cruzarse la palabra, llegaron a su hogar. Vicente Menchú dijo a sus hijos que había que ser valientes; la sangre de los muertos bien valía que ellos dieran la suya. Su esposa hizo lo mismo. Ya nada le haría quedarse allí, por lo que decidió irse a trabajar para que otras madres no sufrieran el dolor que había sentido ella. Uno tras otro, todos los hermanos, entre ellos Lucía, Nicolás y Víctor, asintieron igualmente.

Rigoberta se planteaba cuál sería la opción más eficaz: seguir despertando la conciencia de los pueblos, ayudar a organizarlos o ir más allá y emprender la lucha armada. Después de hablar con su padre, Rigoberta vio claro que lo más importante era dar testimonio a las comunidades, ayudarlas a defenderse y combatir las causas de tanto sinsentido.

Mientras tanto, su madre luchaba desesperadamente por seguir adelante. Regaló las ropas de su hijo a otros muchachos que se escondían en las montañas. Les decía que tenían que seguir luchando en honor a los caídos. Recibió multitud de visitas de amigos y vecinos y, pese al dolor, trataba de no llorar y de mantenerse firme. Sentía que debía dar ejemplo ante el resto de la comunidad. Hasta ese punto vivía este drama personal como una responsabilidad respecto a su pueblo.

Continuando con la labor crítica que intentamos realizar sobre la vida de Rigoberta, debemos detenernos en este hecho tan sumamente dramático, pues tampoco parece ser cierto que Patrocinio muriera quemado vivo a manos de soldados guatemaltecos mientras ella y sus familiares presenciaban la ejecución. La información publicada por los investigadores de la autobiografía de Rigoberta señala que este hermano habría sido un joven miembro de la guerrilla y que habría muerto abatido a tiros por los militares y arrojado sin testigos en una fosa común. No hemos encontrado ningún testimonio de Rigoberta definiéndose sobre este asunto, pero algo más adelante profundizaremos sobre el debate.

En todo caso, independientemente de que los hechos relatados sean del todo ciertos o no, no podemos dejar de estremecernos ante estos sucesos porque sabemos que muchas otras personas vivieron cosas similares. Tendrían que pasar más de 20 años para que lo contaran, pero acabarían haciéndolo. Hoy, con motivo de los procesos abiertos, aparecen testimonios como el de Yolanda Aguilar Urízar, la activista que en 1979 tenía 15 años cuando fue conducida a una mazmorra para presenciar, como recogen los artículos publicados, el espectáculo del Cristo crucificado. Hija de unos padres comprometidos con los sindicatos, ambos asesinados, esta guatemalteca vio en un calabozo a un detenido enganchado del techo por los brazos, desfigurado y sin dientes, arrancado el pelo, con las heridas pútridas, suplicándole entre sollozos que informara al mundo sobre su horrible tormento. Entonces llegó un guardia y, con una pequeña guadaña, le rebanó el pene. *El hombre dio un grito terrible, tan espantoso que lo recordé muchos años,* ha dejado dicho esta mujer, que quedó embarazada después de haber sido violada por 20 soldados. Tan tremendas historias nos hacen cuestionar la importancia que puede tener analizar la precisión del relato de Rigoberta ante la posibilidad de reclamar responsabilidades legales sobre los crímenes cometidos.

Prosiguiendo con la vida de nuestra protagonista, días después, cuando ya todo se hubo calmado un poco, cada miembro de la familia emprendió la marcha. Rigoberta partió sin saber muy bien lo que haría el resto de sus hermanos, Nicolás, Víctor y Marta, ni siquiera lo que harían sus padres, pero para ella era hora de continuar la lucha.

La última vez que vio su casa fue a principios de octubre de 1979. La madre de Rigoberta aún estaba allí, en la pequeña aldea. Una aldea cambiada porque la gente se había escondido en los barrancos, presa del terror. Un lugar triste, como lo estaba su madre, destrozada por la muerte de su hijo y temerosa por la suerte de su hija, que ahora se marchaba a sortear toda clase de peligros. Rigoberta permaneció en casa unas pocas horas, las suficientes para tener el presentimiento de que quizá no volviera a verla más. Antes de marcharse, recibió de su madre un collar rojo, una medalla y algo de dinero. El collar rojo puede verse hoy día todavía colgado alrededor del cuello de Rigoberta; es un objeto típico de los chiquimulas, la tribu a la que pertenecía su abuelo. Allí se quedó rezando mientras Rigoberta se alejaba. Su pequeña hermana Anita, la única que no se había marchado del lugar, corría junto a ella. Detrás quedaba la comunidad maya que la vio crecer; delante esperaba un futuro incierto.

La embajada de España

Rigoberta salió de la aldea con ayuda de los vecinos. Se dirigió a Santa Cruz del Quiché, de allí a Uspantán y más tarde a Cunén. Eran tiempos de lluvia y frío. Rigoberta los confundía con el cansancio y la nostalgia, pero albergaba el sueño de recuperar aquel lugar, de volver a Chimel.

Quiso el azar que sólo dos meses después Rigoberta se encontrara con su padre en el Quiché, en una reunión de dirigentes del Comité. Se escapaban los últimos días de 1979 y Vicente presentaba a su hija de 20 años con gran orgullo. Durante esos escasos días, compartió con su hija sus planes de futuro. Empezaba a barajar la posibilidad de dejar la organización del grupo e iniciar un período de lucha armada.

Hubo un hecho que se quedó clavado en la memoria de Rigoberta. Vicente no dejaba de repetir que todos debían estar presentes en la capital allá por el mes de enero del siguiente año, puesto que se iba a celebrar una gran manifestación. Rigoberta supo que debía estar allí, acompañando a estudiantes, obreros, trabajadores del campo e integrantes de los sindicatos. Se trataba de hacer oír una protesta contra la represión que el Gobierno ejercía en el Quiché. Las noticias recogían frecuentemente la desaparición de diferentes personas en esa zona, pero nunca se decía quiénes eran ni dónde sucedía. Pese a todo aquello, cerca de la fecha de la manifestación, los compañeros pidieron a Rigoberta que no se fuera, que continuara impartiendo aquellos cursos tan instructivos. Y así fue, mientras los miembros del Comité tomaban los medios de comunicación para denunciar la represión y mostraban a gran cantidad de niños huérfanos para demostrar los asesinatos y las desapariciones, Rigoberta se mantuvo al lado de las gentes más humildes, enseñándoles métodos de autodefensa.

Entretanto, Vicente Menchú y otros dirigentes se planteaban la manera de dar repercusión internacional al conflicto. De algún modo, las embajadas podrían servir de altavoz para que su situación pudiera ser conocida más allá de sus fronteras. Quizá así pudieran recibir ayuda de países extranjeros o aumentar la presión sobre el Gobierno. Otras opciones no eran posibles: era muy difícil pensar en una gira internacional o en luchar con sus armas contra el Ejército. Quizá sus mejores bazas pasaran por conseguir una buena publicidad. Así fue como tomaron la embajada suiza, varias emisoras y, por último, la embajada de España.

Sin duda, aquella era una iniciativa peligrosa, pero la esperanza del pueblo descansaba en que sus líderes obreros pudieran ser reconocidos como refugiados políticos y continuaran luchando desde fuera. De esa manera, otros países tendrían noticias de la situación que se estaba viviendo allí.

Pero nadie se imaginaba la tragedia que se iba a vivir en ese lugar. El riesgo de la empresa era evidente, sin embargo, todos confiaban en que el hecho de que fueran desarmados y de que en la Embajada se encontraran importantes personajes políticos como diplomáticos extranjeros e, incluso, elementos del propio régimen, excluía la posibilidad de una masacre. No fue así. Vicente Menchú, junto con otros compañeros del Comité, fue quemado en la embajada de España el 31 de enero de 1980.

En un primer momento, las noticias dijeron que los cadáveres eran irreconocibles. En ese instante, Rigoberta pensó que no sólo su padre había sido asesinado. Pensó en su madre, en sus hermanos y en muchos otros compañeros. Rigoberta sentía un amor inmenso por su padre, de hecho, creció a su lado y aprendió casi todo de él. Sin embargo, era consciente del destino que le esperaba; de algún modo imaginaba que su muerte habría de llegar más temprano que tarde. Eran ya muchos años de tensiones acumuladas como para que esa idea le pillara por sorpresa, no obstante, eran demasiados compañeros los que podían haber caído allí. No estaba preparada para un golpe tan duro; la idea de quedarse medio sola en aquella lucha le aterraba. Sin embargo, supo que, de su familia, sólo Vicente había muerto. Su madre y sus hermanos no estaban allí, aunque sí muchos compañeros que ella conocía bien.

Algunas fuentes hablan de 37 personas fallecidas en la Embajada, muchos de los cuales eran campesinos de Uspantán, Chimel y Chajul. Se cree que 27 campesinos ocupantes fallecieron, pero también funcionarios, como los siete miembros de la Cancillería. Entre ellos, dos ciudadanos españoles: el primer secretario de la Embajada, Jaime Ruiz del Árbol y María Teresa Vázquez de Villa. De aquel asedio, logró sobrevivir, milagrosamente, el diplomático español Máximo Cajal, que todavía hoy recuerda aquel suceso y las consecuencias políticas que tuvo. Nos cuenta que murieron dos guatemaltecos que habían acudido a charlar con él sobre la organización de un congreso de Derecho Procesal. Eligieron un mal día. Ni la presencia de Eduardo Cáceres Lehnhoff, ex vicepresidente de la República, ni la de Adolfo Molina Orantes, ex ministro de Relaciones Exteriores, sirvió para evitar la tragedia. Sus familias todavía acusan hoy al embajador de España de lo ocurrido, porque no son capaces de aceptar que sus verdugos fueron compañeros de la misma clase dirigente que sus queridos familiares.

Ante aquel desastre, Rigoberta estuvo a punto de ir a conocer la tumba de su padre, pero decidió que todo lo sucedido debía enseñarle que el pueblo seguía vivo, que su lucha debía continuar. Permaneció preparando a los suyos para la defensa; no viajó a la capital.

La Premio Nobel decidía así superar una dificultad tremenda que sólo se puede entender en toda su extensión si se conocen las tradiciones fundamentales de los pueblos milenarios de Guatemala. En el transcurso de nuestra historia hemos pasado por no pocas muertes, si bien muchas otras arañarán los corazones de los indígenas. Conocemos las relacionadas con el mundo de Rigoberta, pero multitud de ellas aguardan en el recuerdo de familias desconocidas y allí permanecerán durante 35 años de silencio hasta que finalmente salgan del vacío. Pero de la verdad y la justicia histórica hablaremos más adelante. Ahora simplemente conviene recordar que los ritos funerarios constituyen una costumbre básica en los pueblos mayas. Según creencias centenarias, el espíritu de una persona fallecida no sepultada puede quedar atrapada en un lugar intermedio entre el mundo de los vivos y el de los muertos, llegando incluso a buscar venganza entre los responsables de la comunidad o de la familia por su falta de descanso.

En la capital, las expresiones de dolor se multiplicaron. Miles de personas participaron en los funerales y se convocaron varias concentraciones para denunciar aquella matanza. La primera consecuencia diplomática fue que España rompió relaciones con Guatemala. Las explicaciones que se daban eran muy variadas: desde que los campesinos iban fuertemente armados hasta que ellos mismos provocaron el incendio. Otras fuentes hablaron de un asalto con bombas de fósforo por parte del Ejército. Nunca nadie sabrá toda la verdad porque no hubo acceso a una información clara sobre la tragedia. Lo poco que sabemos se lo debemos al mencionado diplomático español, que ha declarado ante jueces españoles que los indígenas ocuparon el edificio de forma pacífica, sin utilizar armas, aunque con la violencia que supone que alguien no permita salir a los funcionarios. Una vez asaltada la legación diplomática, Cajal, como máximo responsable, intentó ponerse en contacto con el ministro de la Gobernación, Donaldo Álvarez, y con el de Relaciones Exteriores, Eduardo Castillo, pero ninguno de ellos se puso al teléfono. Según el relato del embajador, solicitó al ministro Castillo por medio del ministro español de Asuntos Exteriores, Marcelino Oreja, que pidiera a la policía que no interviniera. Al parecer, incluso él mismo a través de la megafonía informó a la guardia de que no corrían peligro porque se había llegado a un acuerdo con Vicente Menchú y sus colaboradores para abandonar la delegación. Ese pacto consistía en que los ocupantes saldrían acompañados de periodistas, miembros de Cruz Roja y con los miembros de la Embajada, toda vez que tenían miedo a ser ejecutados. Sin embargo, la policía emprendió el asalto y se inició el fuego que no pudo ser extinguido hasta bastante tiempo después, puesto que los bomberos tardaron más de diez minutos en llegar. Cuando entraron sólo quedaban dos supervivientes: un indígena y el propio Cajal. Ese asaltante que salió vivo de la Embajada, un compañero llamado Gregorio Yujá Xona, nunca pudo hablar porque quedó en coma tras el suceso. Después de ser trasladado a un hospital privado, unos hombres uniformados le secuestraron y apareció muerto, con marcas de disparos, frente a la Universidad de San Carlos de Guatemala. Por su parte, Máximo Cajal cuenta que fue una voluntaria de Cruz Roja, Odette Arzú, quien le salvó la vida. Cuando estaba dentro de un furgón celular, un policía le encañonaba con su revólver en la cabeza, mientras otro gritaba: *¡Mátalo, mátalo!* En ese instante, la voluntaria exclamó: *¡Es el embajador de España!* y así logró, junto con el presidente de Cruz Roja, que fuera trasladado al hospital. La historia no queda aquí: el embajador de Estados Unidos visitó al diplomático español en el centro y, al ver lo ocurrido con el indígena de la habitación contigua, decidió sacarle de allí y llevarle a la embajada americana. Mientras estaba alojado, la pared exterior de la sede diplomática de Estados Unidos fue ametrallada.

Rigoberta insiste, al igual que Cajal, en que los campesinos que allí estuvieron no tenían armas de fuego. Es posible que sí armas típicas de su pueblo, pero no contaban con pistolas ni fusiles. También defiende que su padre fue asesinado; se basa en la evidencia de los cinco agujeros de bala que tenía en la cabeza y uno en el corazón. En todo caso, pocos testigos más quedaron para contarnos la verdad de lo sucedido allí. Lo que sí es cierto es que aquello marcó un punto de inflexión en la lucha en Guatemala y en la percepción internacional de lo que estaba sucediendo en este país.

Muerte de su madre

La madre de Rigoberta regresó a la aldea después del fallecimiento de su esposo. Ocho de los compañeros caídos en la Embajada eran integrantes de la comunidad, lo cual le llevó a pensar que ése era un buen momento para regresar junto a los suyos. A su llegada, los religiosos que estaban en la aldea la propusieron salir del país, pero ella rechazó la idea: quería permanecer al lado de su gente. La situación se había complicado sobremanera ya que el hambre castigaba a la comunidad y nadie se atrevía a exponer su vida para ir a comprar a los pueblos vecinos.

Juana había decidido ya hace tiempo participar activamente en la lucha de los indígenas. Defendía que las mujeres debían implicarse en la misma medida que los hombres e iba dando su testimonio por diferentes departamentos. Llegó a estimular a muchas madres de tal forma que, en varias ocasiones, eran ellas junto con sus hijos las que se enfrentaban a las autoridades ante las injusticias. Querían poner a prueba al Ejército, comprobar si eran tan criminales como para masacrar a mujeres y niños indefensos. De hecho, poco antes del asesinato del hermano de Rigoberta unos cuantos campesinos del Quiché y de Uspantán entraron en el Congreso para protestar por los secuestros. Cuando Nicolás, el hermano mayor, iba a tomar la palabra los soldados le apuntaron con un fusil. Rigoberta cuenta que su hermana, portando una flor blanca, se colocó entre medias para protegerle. El soldado no se atrevió a disparar y aquel día sirvió para reclamar sin mucho éxito que el Ejército saliera de las aldeas y que se devolviera a todos los desaparecidos.

Juana Tum continuó distribuyendo este mensaje de resistencia. Tal vez no fuera una mujer muy culta, pero hablaba quiché y un poco de kekchi. No participaba en reuniones organizadas, como hacía su marido, sino que se integraba en el trabajo de las comunidades con facilidad, ayudaba en las casas, en los campos, y entretanto compartía su experiencia. Al parecer, llegó a ser muy respetada y querida por mucha gente.

De vez en cuando a nuestra protagonista le llegaban noticias de las andanzas de su madre; la tranquilizaba saber que todavía estaba bien. Aún conservaba la esperanza de volver a reunirse con ella y sus hermanos algún día. Sin embargo, cuando llegó abril de 1980, secuestraron a su madre mientras iba al pueblo a obtener alimentos.

Rigoberta nos cuenta que, desde el primer momento de su captura, su madre fue violada por las autoridades militares de la zona. La trasladaron a un campamento denominado Chajup, que quiere decir algo así como *debajo del barranco,* el mismo lugar donde había sido torturado su hijo. Allí fue sometida a crueles torturas, violaciones y palizas. Trataron de obtener información acerca de dónde se encontraban los demás miembros de la comunidad. Le ofrecieron la libertad a cambio de esa información, pero Juana sabía que sólo serviría para que fueran a por sus hijos y les ocurriera lo mismo que a ella. Comenzaron las mutilaciones, tal y como habían hecho con su hijo meses atrás. A causa de las torturas y de la falta de comida estuvo a punto de morir, pero le atendieron médicamente para que resistiera. Consiguió sobrevivir un tiempo más, el justo para que utilizaran su ropa como señuelo con el fin de que acudiera alguno de sus hijos a buscarla. Reclamaron la presencia de la familia desde el Ayuntamiento de Uspantán, aunque todos sabían que si la madre de Rigoberta no había muerto ya, pronto lo haría, y lo mismo le ocurriría al que se atreviera a ir a recogerla. Efectivamente, nadie pasó a por sus ropas, con lo que el siguiente paso fue abandonarla en medio del monte en plena agonía. Unos días a la intemperie y murió. La inmovilidad y las heridas infectadas aceleraron el proceso. Rigoberta conoce muy bien el monte y sabe que ante una herida abierta los gusanos encuentran un lecho ideal para su proliferación. Allí, junto al cadáver, se quedó una patrulla haciendo guardia mientras el cuerpo se descomponía y se convertía en comida para los animales. A los meses, cuando no hubo quedado resto alguno, abandonaron el lugar.

A Rigoberta siempre le quedó la sensación de que debía haber aprendido más de su madre. Es cierto que quiso a sus padres con locura, pero siempre estuvo más cerca de Vicente. Tiempo después de su muerte, echa de menos haber permanecido más cerca de su madre en algunas situaciones. Echa de menos haber aprendido sus conocimientos sobre la naturaleza, sobre las hierbas, sobre los partos e, incluso, sobre política. Porque, aunque no hubiera recibido una educación política formal, Juana había estado muy implicada en la lucha. Por varias razones, pero sobre todo por haber viajado tanto y haber estado en contacto con los guerrilleros, con el Comité, con los sindicatos, con su marido, con las mujeres de muchos pueblos, etc. En definitiva, como ella mismo asegura: *A pesar de que mi madre fue la maestra de mucha gente, yo no aprendí de ella tanto como debí aprender.*

En relación con este tema, nos permitimos hacer unos comentarios acerca de la manera que tienen los indígenas en general, y

Rigoberta en particular, de enfrentarse a la muerte. Después de tanto sufrimiento como el que hemos descrito en estas páginas, comprobamos cómo aceptan de forma natural, a veces incluso con cierta apatía o pasividad, siempre teniendo en cuenta nuestros valores sociales, tan diferentes, el carácter necesario e inevitable de la muerte. Tantas veces hemos visto reaccionar a Rigoberta y los suyos de la misma forma, defendiendo la idea de que si no quieren que su ser querido sufra más, mejor será que muera. Es ésta una postura que nace de la impotencia y del dolor, claro, pero también de una preparación cultural que comienza desde muy temprano en su vida. La muerte no es un asunto tabú entre los indígenas, sino una etapa más de la vida sobre la que se van preparando poco a poco. Un buen ejemplo de esto es que el féretro en el que uno va a descansar se confecciona mucho antes del fallecimiento de una persona. Se tiene contacto con la caja antes de morir. Lo mismo ocurre con el momento de la muerte. No se considera algo traumático que haya que evitar a toda costa, sino que con naturalidad, cuando ese instante está cerca, la persona que va a fallecer llama a su familiar de mayor confianza, que bien puede ser un hijo o un nieto, y le transmite en unas pocas palabras la sabiduría acumulada y los secretos de los antepasados que cree convenientes, a modo de legado póstumo. Es una manera de morir con la sensación de haber cumplido con un deber. En la ceremonia del difunto, por ejemplo, se guarda un luto relativo, porque, si bien es verdad que el ambiente es de cierta tristeza, la comida y la bebida corren a cargo de la comunidad y abundan como en las grandes celebraciones. En los discursos sobre el fallecido, no sólo se recuerdan las cosas buenas que hizo o dijo, también hay espacio para la crítica. El entierro tiene lugar rápidamente, con frecuencia antes de las 24 horas de la muerte. Y allí acaba todo.

El triste destino de los hermanos y la desesperanza

Después de perder a sus padres, Rigoberta se sumió en una profunda crisis. Estaba en Huehuetenango, sin saber nada de sus hermanos, con el ánimo por los suelos. Toda la fortaleza que la habían transmitido sus padres y su comunidad, de repente desapareció. Era como si el hecho de pensar que sólo quedaba ella la hubiera debilitado por completo. Durante esos días, recibió el cariño y el apoyo de las hermanas del convento de la Sagrada Familia en el que vivía. Gracias a ellas y a que un día tuvo un sueño muy real, en el que veía a su padre vivo, dándole ánimos para seguir adelante, consiguió salir de una oscura depresión. Cuenta que paseó por el campo, por primera vez en muchos días, donde recuperó el contacto con la naturaleza y parte de su ánimo. Aquella recuperación duró poco; el Ejército estaba registrando las casas de la zona en busca de insurgentes y tuvo que marcharse a otro convento.

Cuando se enteró del secuestro y muerte de su madre temió que su hermana Anita hubiera corrido la misma suerte. Únicamente ella se había quedado junto a su madre, nadie más de la familia permanecía allí. Cuando todos abandonaron Chimel, la pequeña lo había dicho: *Todos ustedes se van, pero yo me quedo con mamá. Si nos matan aquí, yo me moriré con mamá.* Tan sólo un año más tarde se supo del destino de su hermana. Anita nunca revelaba su origen, pero como mucha gente lo conocía finalmente Rigoberta consiguió tener noticias suyas. Había logrado sobrevivir de casa en casa entre Nebaj, Soch y Cotzal, varios poblados de la región. Sentía una impotencia absoluta por no poder hacer nada por su hermana durante aquellos meses.

Más adelante, la pequeña Anita se marchó a las montañas, como combatiente, y terminó huyendo a la selva de Chiapas unos diez años después. Durante todo ese tiempo no volvió a tener un hogar. Cuando llegó a México como refugiada, estaba embarazada. Pronto tendría a la pequeña Rigoberta, la primera tocaya de nuestra protagonista en la familia, pero nada de esto sabría ella hasta después de la concesión del Premio Nobel. Había dejado una pequeña niña abandonada y se encontraría a una mujer con dos hijos y un marido.

Antes de aquello, en las entrevistas concedidas, cuando sus recuerdos ponen palabras a este relato, su mirada deja de brillar y se tiñe de oscuro. Aunque súbitamente se levanta y habla con orgullo: *Tengo la esperanza de que dos de mis hermanas viven aún, enmontañadas. Eligieron la lucha guerrillera en las montañas y allí combaten junto a mi pueblo, que ha subido a la sierra con sus ancianos y sus niños para sobrevivir a las matanzas. A ellas dedico mi actividad por el mundo.*

En cuanto al resto de los hermanos, averiguó que, después de todo aquello, Nicolás y Víctor habían huido con sus hijos a las montañas. Formaron parte de lo que se dio en llamar en adelante Comunidades de Población en Resistencia o CPR. Eran habitantes de una población nómada, que no podía cultivar en un sitio estable y vivía de las raíces y las hierbas, sin ropa ni casa permanente. Fueron años duros: la esposa de Víctor fue secuestrada por el Ejército y posteriormente decapitada. El marido, con sus tres hijos, continuó viviendo en las montañas una larga temporada más, hasta que le capturaron a él también. Le propusieron declararse guerrillero y revelar el nombre de sus compañeros del CPR, cosa a la que él se negó. Después de ser torturado e interrogado, acabó siendo fusilado en la iglesia de Uspantán. Los tres niños fueron recogidos por una hermanastra de Rigoberta, producto de una unión anterior de Vicente Menchú. Uno o dos de ellos murieron de desnutrición, pero Regina, la pequeña, se salvó, aunque tuvo que ser ofrecida a otras casas para sobrevivir. No era infrecuente que a los huérfanos se les acogiera en nuevas familias. Era una gran muestra de solidaridad entre comunidades y, cada día que pasaba, abundaban más personas en situación de desprotección, sobre todo niños, ancianos y discapacitados. Actualmente, la pequeña Regina y la pequeña Anita ya no son tan pequeñas y viven con Rigoberta.

La triste historia se repitió con Nicolás. Él también fue capturado poco después del fusilamiento de Víctor; lo mismo sucedió con su esposa y sus seis hijos. A lo largo de muchos meses, durante el año 1983, estuvieron retenidos en la iglesia de Uspantán. Posteriormente, Nicolás fue trasladado a Santa Cruz del Quiché, donde padeció torturas físicas y psicológicas durante unos seis meses. Unos de los militares que allí había le dijo que no le iba a dejar morir. Mencionó algo acerca de una deuda contraída con su madre, pero no especificó cuál era. Al parecer, este militar había estado en el campamento de Xejul, el lugar donde la mantuvieron retenida. Nicolás veía cómo sacaban bolsas llenas de cadáveres todos los días durante su cautiverio allí, lo cual, probablemente, formaba parte del castigo psicológico. Con aquello consiguieron debilitarle moralmente. La segunda parte del plan era que sirviera de instrumento para disminuir la moral del resto de su comunidad. Le enseñaron fotos de su hermana Lucía y le decían que estaba secuestrada. También le decían que el resto de sus hermanos había muerto. Le chantajeaban proponiéndole que si él se encargaba de dar un mensaje a las CPR cuando le soltaran, su hermana y sus hijos serían puestos en libertad. Tenía que extender el mensaje de que el Ejército estaba tratando bien a la población y que repartía comida y medicinas para los niños. De ese modo, intentaban debilitar a la guerrilla y sembrar la discordia interna. Finalmente, fue liberado y pudo regresar con sus seis hijos, que ya estaban empezando a enfermar por desnutrición. A partir de aquel momento, su vida fue un continuo peregrinar por las fincas en busca de trabajo y de cobijo. Sin embargo, el amor por Chimel no se apagó. Cuando volvía a luchar por la tierra de sus antepasados, el Ejército trataba de asustarle con amenazas. De cuando en cuando volvían a llevárselo para interrogarle. Esta situación se prolongó durante diez años sin descanso.

Las mujeres y los grupos políticos

Comenzamos diciendo que una de las grandes dificultades a las que tuvo que enfrentarse Rigoberta a lo largo de su vida, entre otras muchas, fue su condición de mujer. Desde los primeros momentos de su vida política, se encontró con compañeros revolucionarios que le hacían sentir mal por asumir un papel activo en la lucha y, al igual que ocurría con ella, ocurría con otras mujeres. Gracias al intercambio con mujeres de otros países, fue dándose cuenta de que muchas veces ellas estaban tan volcadas en resolver cuestiones comunes que se olvidaban de resolver los problemas propios. Uno de ellos, quizá el más importante, era identificar cuál iba a ser su posición en el nuevo reparto de poder en caso de que fueran capaces de construir una sociedad distinta. Rigoberta comenzó a tener claro que debían luchar hombres y mujeres juntos para demostrar en la práctica que cierta igualdad era posible. Ya en el día a día se estaba demostrando en el trabajo en las fincas y en la lucha en las montañas. Sin embargo, de vez en cuando se creaban grupos específicos de mujeres para realizar algunos cometidos dentro de la organización. Decidió que lo mejor era avanzar con los hombres al lado, con el fin de establecer un diálogo que sirviera a todos por igual. Quizá establecer grupos femeninos de trabajo sólo sirviera para propiciar más las diferencias y el machismo. Lo mismo ocurría con los ladinos, tenían que ser capaces de trabajar juntos, e igualmente con los intelectuales, cada uno podía aportar sus cosas, pero no debían establecer clases ni diferencias, puesto que eso podría ser el germen de nuevas desigualdades e injusticias.

La situación de Rigoberta como mujer guatemalteca era muy especial. Recordemos que la comunidad indígena descansa sobre la familia y que cada familia suele tener cerca de diez hijos. Sin embargo, la futura Premio Nobel estaba soltera y no quería tener prole. Por una parte, era toda una provocación al sistema establecido, pues ya hemos comentado que una de las más importantes responsabilidades de un indígena es conservar las tradiciones de su cultura.

¿Cómo podría hacerlo sin descendencia? Por otra parte, el hecho de tener una familia numerosa aseguraba en cierto modo la capacidad de subsistir. El futuro se tiñe de un color muy oscuro si no hay una familia que se apoye mutuamente. Por último, estaba el ansia revolucionaria de Rigoberta, el cual le hacía pensar que sería menos traumático morir en cualquier momento sin tener a nadie a su cargo.

Rigoberta expone en su autobiografía, aunque sin dar muchos detalles, que tuvo varias relaciones afectivas, pero que nunca profundizó en ellas precisamente por ese miedo a tener hijos. A esto se unió la muerte de sus padres. Cuando supo lo que un hijo siente cuando sus padres mueren decidió, al menos mientras durara la lucha, dejar de lado el matrimonio para combatir con mayor libertad. Creía firmemente que en ese momento se debía al pueblo y a la lucha, más que a su familia o a sus responsabilidades. Así, en la tesitura de tener que elegir entre el amor a un hombre o la libertad para seguir luchando, puesto que para ella se hacía difícil compatibilizar ambas opciones, eligió lo segundo. Rigoberta aceptaba, sin embargo, que cuando las condiciones fueran diferentes y la tierra no estuviera bañada de sangre y de sudor, sería posible cambiar de opinión.

Tras todos estos acontecimientos, las actividades políticas prosiguieron. Después de los graves sucesos de la Embajada todos los sectores que sufrieron bajas se unieron en el diálogo. Por parte del CUC, una de las líderes más destacadas era esta mujer maya. De esta colaboración se obtuvo como resultado la última huelga de campesinos en Guatemala. Era febrero de 1980 y más de 80.000 trabajadores de los campos de la costa del país dejaron de recoger algodón y caña. Durante 15 días se produjeron disturbios que aglutinaron a varias etnias en contra de los empresarios capitalistas. Se sabotearon las máquinas de recogida automática que utilizaban los terratenientes para contabilizar a la baja el corte de los jornaleros; se levantaron barricadas en las carreteras para impedir el transporte de productos y el movimiento de tropas; se formaron estrategias de defensa porque pronto el Ejército rodeó a los insurgentes por tierra y aire. Durante dos semanas lograron paralizar la economía del país. Su número era demasiado grande como para que las Fuerzas Armadas acabaran con todos.

Una de las peticiones de los campesinos ya ha sido comentada: el aumento del salario. Por esas fechas se pagaban 75 centavos, cuando el acuerdo era pagar 3,20 quetzales. Su solicitud iba mucho más allá: cobrar cinco quetzales. Después del acuerdo de los 3,20, se comenzó a exponer la política de mejoras de las condiciones laborales. Estamos hablando de la comida, del trato, de la salud, etc. Una corriente de solidaridad, que alcanzó incluso a los campesinos no organizados, recorrió la costa y sus grandes fincas.

En el altiplano, mientras tanto, los ecos de la huelga llegaban de forma más moderada. Ahí aprovecharon las autoridades para iniciar una campaña de represión mucho más brutal que la anterior. Introdujeron las tanquetas en los pueblos del Quiché, como anteriormente, pero también en Chimaltenango, Sololá y Huehuetenango. Los lugares donde había población indígena combativa fueron prácticamente exterminados. Las tanquetas disparaban contra la población que se refugiaba en las casas. Después, las aldeas y los pueblos eran bombardeados desde el aire. Los pocos que quedaron vieron arder la cosecha y tuvieron que huir al monte. Al parecer, fueron empleadas bombas incendiarias, de tipo napalm, que arrasa pueblos enteros. A los secuestrados se los llevaban como escudos humanos a los cuarteles, para defenderse del ataque de la guerrilla. Ésa era la única forma de lucha, la organización de grupos armados escondidos en los bosques donde los bombardeos dejan de ser eficaces. Existían, por ese tiempo, cuatro grupos armados políticos y militares: el Ejército Guerrillero de los Pobres, la Organización del Pueblo en Armas, las Fuerzas Armadas Rebeldes y el Partido Guatemalteco del Trabajo. Ya habían tenido contactos entre ellos antes del episodio de la embajada de España, pero después de aquel suceso, junto a otras organizaciones sindicales, de estudiantes, cristianas, etc., formaron un grupo común: el Frente Popular 31 de enero, en recuerdo de aquel infausto día en el que todos sufrieron pérdidas.

El total de los sectores oprimidos tenía cabida allí: los campesinos están representados por el CUC; los estudiantes por grupos como el Frente Estudiantil Revolucionario Robín García, en honor a un compañero asesinado que consideraban un héroe; la población marginal por la Coordinadora de Pobladores, que reúne a la gente que vive en infraviviendas de cartón alrededor de las ciudades; los obreros en organizaciones clandestinas, puesto que su afiliación pública era extremadamente peligrosa, etc.

Así, entre todos, trataron de desarrollar una labor de desgaste que acabara con el poder del Gobierno poco a poco. Un desgaste económico gracias a las huelgas, los sabotajes, las pequeñas acciones;

un desgaste militar multiplicando los frentes, para que el Ejército se disgregase.

El 1 de mayo de 1981, como todos los años en esa fecha, se celebró la Fiesta de los Trabajadores. Esta vez, a diferencia de otras, todos los grupos trabajaron de forma coordinada organizando acciones de protesta en la capital, en los pueblos del interior y en la costa. Eran acciones fugaces como pequeñas barricadas, rápidos mítines e iniciativas propagandísticas que no permitían reacciones de represión por parte del Gobierno. Se emitieron avisos de bomba falsos a las fábricas para desalojar a los trabajadores, lo que permitió darles descanso durante varios días. Así, poco a poco, fueron demostrando mejor capacidad de coordinación, pese a las dificultades que supone el hecho de que a esta escala los informadores del Gobierno tienen más fácil interceptar mensajes.

Uno de los grupos con mayor actividad política fue el creado por los cristianos revolucionarios, que tomó el nombre del padre de Rigoberta. Los Cristianos Revolucionarios Vicente Menchú acogen a todos aquellos cristianos que quieren emprender la lucha impulsados por la fe. En este grupo no tienen cabida los representantes de la jerarquía católica, pero sí multitud de sacerdotes que no vieron comunismo en la lucha del pueblo, sino un reclamo justo de sus derechos individuales. En la Iglesia también hubo una clara división entre religiosos ricos y religiosos pobres. De estos últimos, Rigoberta conoció a decenas de víctimas entre monjas, catequistas, jesuitas, sacerdotes, etc.

Es especialmente célebre la muerte del cura de la parroquia de Chajul, José María Gran Cirera. Este misionero de Barcelona cabalgaba el 4 de junio de 1980 junto a su sacristán cuando fueron abatidos por los pintos guatemaltecos. Iban a caballo a celebrar la misa en Xeixojbitz, en la región de Chajul, y quedaron allí muertos, después de recibir siete tiros el primero, dos el segundo y una abundante lluvia de panfletos insurgentes para disimular el crimen ambos. Pocas horas después, la versión oficial apuntaba a supuestas escaramuzas entre la guerrilla y el Ejército, que, según los testigos, no se produjeron. En los medios españoles, la familia declaró: *Al principio él no tenía un compromiso político, pero los acontecimientos le fueron llevando a un fuerte compromiso social con los indígenas represaliados.* Al parecer, cuando el Ejército comenzó a visitar las aldeas de Chajul para reclutar forzosamente a los jóvenes, él se opuso. Las madres se resistieron, fueron reprimidas y el misionero les abrió las puertas de su iglesia para refugiarse, lo cual supuso su sentencia. Éste será uno de los casos denunciados por Rigoberta y otros particulares en los tribunales españoles 20 años después.

El exilio en México

A medida que crecía el éxito de la lucha del pueblo, aumentaba el riesgo para Rigoberta. Su liderazgo dentro de la Organización la convertía en un objetivo prioritario para el Gobierno. Estuvo escondiéndose de casa en casa, gracias al cariño de mucha gente, especialmente de las órdenes de religiosas, durante aquellos primeros años de la década de los 80. En esos momentos, ella dice que fue cuando más huérfana se sintió, al pasar varias temporadas entre diferentes familias. En el transcurso de una de aquellas estancias tuvo problemas con su úlcera y hubo de permanecer en la cama varios días. Cuando por fin se recuperó, aburrida de no poder salir de la casa, dio un paseo por las calles de un pueblecito de Huehuetenango. Un jeep del Ejército la localizó y tuvo que salir corriendo a refugiarse en una iglesia cercana. Sabía que si la capturaban podía significar su muerte. Sin saber dónde esconderse y convencida de que iba a morir, Rigoberta se soltó el pelo y se puso de rodillas a rezar al lado de otras personas. Cuando los soldados entraron en la nave, corriendo como locos, atravesaron la estancia creyendo que había huido hacia el mercado. Permaneció allí más de una hora hasta que pudo escapar sin que la vieran. Ése era el precio que tendría que pagar por ser tan conocida, en cualquier lugar corría peligro.

Los compañeros planearon llevarla a la capital, a un internado de religiosas, donde pudiera ocultarse sin llamar la atención. Esa etapa la recuerda con pena porque no podía compartir su angustia con nadie. Las monjas no hablaban con ella y Rigoberta nada podía hacer, puesto que nadie debía conocer su situación. Las largas jornadas de trabajo en aquella casa la angustiaban todavía más; no podía soportar fácilmente luchar únicamente por mantenerse ella con vida, había muchas otras cosas que hacer. Así, sus problemas con la úlcera se agravaron, apenas comía y tuvo que reposar unos días.

Los compañeros de lucha continuaban trabajando para que pudiera salir del país. La situación había llegado a un punto en el que el único lugar donde podría seguir trabajando sin alto riesgo para su vida era en el extranjero. El exilio se acercaba para nuestra protagonista. Los compañeros le consiguieron un pasaporte legal, si bien tuvo que disfrazarse. Rigoberta se cortó el pelo y cambió su traje típico por uno de ladina. Su próximo destino estaba al norte: México.

En el avión, las sensaciones de Rigoberta estaban claramente encontradas: por un lado, albergaba la felicidad que suponía salir de aquel infierno, por el otro, la tristeza de abandonar su tierra con tan solo 21 años. Sin embargo, la esperanza de volver algún día a encontrar un país mejor seguía presente.

Era la primera vez que tomaba un avión y se sentía maravillada por la capacidad del hombre para construir cosas. Recordaba aquellos días de su infancia cuando, en compañía de su padre, viajaba a la capital y visitaba con sorpresa el zoológico y el aeropuerto cercano. Se deleitaba viendo los aviones durante horas. Nunca habría imaginado en qué condiciones tendría que tomar uno por primera vez.

Aterrizó en compañía de una monja llamada Gladis en el aeropuerto de la ciudad de México. Desde allí se dirigieron hacia Tehuantepec, donde conocieron a monseñor Samuel Ruiz, un personaje fundamental en el devenir de Rigoberta. A su lado, participó en diversas actividades que tenían que ver eminentemente con la transmisión de sus vivencias. Recibió la ayuda de diversas organizaciones para tener la oportunidad de ofrecer su testimonio participando en conferencias en distintos lugares, lo cual le permitió de nuevo ponerse en contacto con multitud de personas diferentes. La primera de ellas fue una conferencia de religiosos europeos y de América Central, donde contó con mucho sentimiento, aunque con poco conocimiento del español, toda la situación vivida en su país. Los obispos de Brasil, Perú y Venezuela quisieron llevarse a Rigoberta consigo, pero ella prefirió quedarse en México.

El lugar al que fue a parar Rigoberta fue la zona sur del país, Chiapas. Por azares del destino se quedó en la casa del obispo Samuel Ruiz, donde permaneció unos días sometida a una cura de sueño para recuperarse de su úlcera de estómago. Allí, en la diócesis de San Cristóbal de las Casas, la gente la conocía como Lupita. El monseñor le compró una buena cantidad de bonitos huipiles y de cortes preciosos, para que vistiera alegre. A Rigoberta aquello la puso muy contenta. La ropa de colores vivos forma parte de su identidad, cuando se viste con prendas oscuras, negras o grises, siente que la tristeza la embarga.

Chiapas, zona maya como su Guatemala querida, devolvió a Rigoberta todo el sentido de la vida y del trabajo que corrieron el riesgo de desaparecer por la vida nómada y desarraigada que estaba llevando. Junto al monseñor pudo recorrer muchas zonas del sur de México, participando en las actividades pastorales y aprendiendo a ser promotora de salud. Aunque mayas, los habitantes de Chiapas son tzeltales y hablan un idioma que no conocía. Eso la permitió profundizar en gran medida en su conocimiento del español. Allí, viendo el trabajo de los campesinos y el de los religiosos, recuperó una esperanza de vida posible para Guatemala.

En una década, la de los 80, en la que Occidente hablaba de Derechos Humanos, Rigoberta ponía sobre la mesa el curso de todo un genocidio a escasos kilómetros de, por ejemplo, países defensores de la democracia como Estados Unidos. Mientras muchos países hablaban de Estado de Derecho, en Guatemala la dictadura militar campaba a sus anchas. Se trataba del comienzo de una gran denuncia internacional.

El tiempo transcurría en México y el visado caducó. El monseñor se encargó de tramitar sus papeles y la apuntó a un curso de primeros auxilios en Comitán. Rigoberta absorbía conocimientos como si fuera una esponja. Jamás había tenido la oportunidad de recibir una educación de ese tipo y ahora no desaprovechaba la oportunidad, sobre todo, porque sabía que todo esto le valdría para servir a su comunidad.

No habían pasado ni seis meses desde su llegada del otro lado de la frontera y Rigoberta ya echaba de menos Guatemala. A ello contribuía enormemente que mucha gente conociera el nombre de su padre, así como el de otros luchadores humildes y campesinos. Pronto recibió la noticia de que varios compatriotas llegarían a México procedentes de su país, lo cual le hacía extremadamente feliz y eso que ni siquiera imaginaba que serían sus hermanas Anita y Lucía las que se unirían a ella en breve. Una de ellas, Anita, la más pequeña, era guerrillera y desde los ocho años había estado viviendo en el monte; desde las montañas regresaba a la aldea de cuando en cuando para ver a los animales. Ahora tenía diez. La otra, Lucía, tenía 13. Las tres hermanas pasaron juntas la Navidad de 1980 por primera vez fuera de su casa y de su país, en Comitán, donde se agarraron la única melopea que Rigoberta recuerda en su vida.

Otro de los felices encuentros que Rigoberta tuvo en México fue con los amigos que su padre tenía en Europa. Se encontraban allí, en el mismo lugar que ella, y le ofrecieron la posibilidad de viajar a Europa. Parecía mentira, pero después de todo había una oportunidad para que sus hermanas vivieran una vida diferente. Sin embargo, la respuesta de las chicas fue tajante: no querían salvarse del terror ellas solas, querían ayuda para todo el pueblo y tal cosa sólo era posible si se quedaban allí para conseguirla.

Pasaron un par de semanas en la capital, donde conocieron a Alaíde Foppa y a Bertha Navarro, dos mujeres muy comprometidas que fueron secuestradas al poco tiempo. La segunda de ellas invitó a las tres hermanas a un programa de radio, donde pudieron hablar un buen rato. Fue la primera vez que filmaron y grabaron a Rigoberta.

Las hermanas pequeñas hacían la vida imposible a Rigoberta, cada dos por tres recordaban su casa y a su mamá y reclamaban volver. Entretanto, no dejaban de pelear y de llorar. Sin duda, echaban de menos la libertad del campo y la estabilidad emocional que da una madre. Así, después de un tiempo en México, decidieron regresar a Guatemala una vez que la feroz persecución se hubo atemperado. Decidieron también recuperar la lucha de sus padres, por lo que cada una se integró en una organización: Rigoberta en el CUC y las hermanas con sus armas en el monte, rodeadas de naturaleza, como siempre habían estado. Era triste para Rigoberta volver a dejar a sus hermanas, pero permanecer juntas suponía un gran peligro. Separadas, en cambio, tenían más posibilidad de sobrevivir.

La llegada de los primeros refugiados a Chiapas no se iba de su memoria. Ella había podido escapar en avión, pero muchas familias no tuvieron esa suerte. Carecían de documentos, de comida y de ropa, pero caminaron muchos días a través de las montañas con el recuerdo de su aldea ardiendo detrás de ellos, con el corazón destrozado por haber dejado a sus hijos perdidos en las montañas y el dolor de los familiares y vecinos fallecidos. Todo esto hacía que mereciera la pena correr otra vez algunos riesgos. Volver a sufrir la represión, a sentir la tragedia de los compañeros desaparecidos o, directamente, reconocidos en el depósito de cadáveres. Cuando un compañero desaparecía todos tenían que mudarse para evitar ser detenidos. El miedo a la tortura estaba presente, cualquiera podía hablar si era capturado.

Rigoberta continuó su trabajo clandestino con inmensas dificultades, puesto que ya era muy popular y el riesgo aumentaba por momentos. Volver al altiplano era extremadamente peligroso por la feroz acción de las Patrullas de Autodefensa Civil (PAC), unos grupos paramilitares muy peligrosos creados por el Gobierno para implicar a la población civil en la represión. Cuentan que hubo prácticas dramáticas, como la que obligó a un jefe de pelotón, esposado a un guerrillero a la muñeca, a asesinarlo a machetazos para probarse. *A mí no, papaíto, tengo mis hijos,* imploraba de rodillas el hombre que acabó muerto. Cerca de un millón de campesinos, aproximadamente el 80 % de la población rural masculina, fueron reclutados, algunos por iniciativa propia, muchos más a la fuerza. El desertor sabía que sería asesinado, por lo que se convirtió en una fuerza tan temible como el Ejército.

Dado que el CUC ya disponía de suficientes dirigentes, finalmente Rigoberta optó por unirse a los Cristianos Revolucionarios Vicente Menchú, la organización formada en honor a su padre. De ese modo, recuperaba sus inicios como catequista comprometida y aportaba su nueva visión sobre el papel que le correspondía a un cristiano en la lucha. Era el año 1981 y parecía que hubiera pasado una eternidad desde que salió huyendo de Guatemala con pocas esperanzas y ganas de vivir.

VI. DIFUSIÓN INTERNACIONAL

Los compañeros propusieron a Rigoberta volver a salir del país. La represión no permitía relajarse ni un segundo; el Ejército estaba pagando a los campesinos para que denunciaran a los opositores. Así, esta vez la huída fue hacia el sur. Atravesaron Honduras por tierra, cruzando varias aduanas. A Rigoberta la acompañaban dos personas más que se hacían pasar por comerciantes y no tuvieron problemas para llegar a Nicaragua. Allí, ante la falta de visado, Rigoberta se dirigió al Alto Comisionado de las Naciones Unidas para los Refugiados (ACNUR) donde le facilitaron un pasaporte. Llegó al país en un momento de especial actividad política, en el que el Comité Nicaragüense de Solidaridad con los Pueblos le permitió participar en varias reuniones de prensa donde los medios reflejaron la llegada de la hija de Vicente Menchú. Desde entonces, se sucedieron las invitaciones y se inició un período de diez años, desde 1982 hasta 1991, en el que recorrería diferentes países. El primero de ellos fue Estados Unidos.

Conseguir un visado para este país con pasaporte de refugiada no era nada fácil, y menos si se procedía del sur. Sin embargo, la presión ejercida por esa corriente de solidaridad fue tan fuerte que permitió, pese a muchas dificultades, el viaje de Rigoberta a Estados Unidos. La historia de dolor que transmitió sobre Guatemala, contando en primera persona sucesos como el de la muerte de sus padres, despertó la sensibilidad entre los invitados indígenas de sus charlas. Gracias a ellos recibió la invitación de viajar a Ginebra para visitar la sede de las Naciones Unidas. Era agosto de 1982 cuando Rigoberta entraba por primera vez en la ONU.

Naciones Unidas

Realmente, por aquel entonces, Rigoberta no tenía ni idea de cómo desenvolverse a nivel internacional. Cuando el CUC autorizó el viaje, le dijeron que una persona estaría aguardando su llegada en el aeropuerto de Ginebra. No fue así. Después de un largo control en inmigración, acudió a cambiar los escasos 100 dólares que llevaba y se dirigió a la embajada nicaragüense. Nicaragua ocupaba, en el pensamiento colectivo de los indígenas guatemaltecos, el lugar de los amigos, del apoyo en la revolución y del triunfo contra la dictadura. Los *compas nicas* les llamaban. El simple hecho de encontrar alguien que hablase español tranquilizó a Rigoberta, por lo que, aunque el embajador no pudo recibirla en ese momento, no le importó quedar allí, cargada con sus maletas y todo, a la espera de ayuda humanitaria para una recién llegada. Su historia emocionó a César Vera, el embajador, que le ofreció alojarse en su propia casa temporalmente. Desde allí pudo hacer algunas llamadas y contactar con Luis Cardoza y Aragón, un amigo y escritor guatemalteco del que hablaremos en breve, que le proporcionó el teléfono de Julia Esquivel, una poetisa, también de Guatemala, que residía en Neuchatel. Fue acogida por unas monjas de la localidad y, más tarde, por intermediación de otras personas, pudo instalarse en Ginebra, en una gran casa de tres pisos propiedad de una señora que hablaba bastante bien español.

Todas las ideas que hemos puesto en boca de Rigoberta merecían ser defendidas en un foro adecuado. Ella ya había promovido encuentros locales entre indígenas, conferencias interculturales, había hablado con los medios de comunicación, con los interlocutores sociales y diferentes autoridades, pero quedaba un lugar que no se podía dejar pasar, un lugar tan sorprendente como importante: la sede de las Naciones Unidas en Ginebra. La credencial para acceder al edificio le fue otorgada por el Consejo Internacional de los Tratados Indios. Con ella y con una gran ignorancia acerca del funcionamiento de ese mundo de funcionarios por compañía, comenzó a conocer la ONU sin entender nada. Resultaba algo heterodoxo ver a Rigoberta y a cualesquiera que fuesen sus acompañantes por los pasillos de las Naciones Unidas. No era común encontrar a muchos indígenas en aquel lugar, lo cual les convertía en seres extraños en un lugar más extraño todavía. De cualquier modo, Rigoberta estaba empezando a acostumbrarse a sentirse una extraña. Yendo de un sitio a otro tantos años, ya veía como algo natural ir detrás de la gente, perderse en las estaciones, conocer a muchas personas nuevas cada día.

A pesar de la novedad que suponía su presencia allí, existían ciertos antecedentes de lucha indígena en la ONU. Éstos se remontan a 1977 cuando se celebró la Primera Conferencia de ONG con la participación de representantes indígenas.

Así, durante todo este tiempo, Rigoberta tuvo la oportunidad de dar a conocer su historia y de conocer a su vez muchas otras. Empezó a dejar su impronta en innumerables lugares, del mismo modo que la vida del primer mundo iba entrando en ella. Recuerda especialmente la frustración que le produjo darse de bruces con la sociedad del exceso y del desperdicio. En ocasiones veía centros comerciales con ingentes cantidades de comida para animales y pensaba que en su país los niños no disponían ni de la más mínima aportación de proteínas necesaria para crecer.

Rigoberta estaba recorriendo un camino que ninguna persona de su entorno había recorrido antes. Le preocupaba el hecho de no tener a nadie a su lado que recogiera las experiencias que estaba atravesando, porque pensaba que debían pertenecer a la comunidad y, si ella faltara, continuar por medio de otros. Pero las personas que enviaban para acompañarla pronto regresaban a causa de la soledad y la depresión. Preferían luchar en Guatemala o en México, donde, pese a los riesgos, tenían su gente, su idioma, su música y su tortilla. Era muy duro vivir fuera de casa, pero alguien debía formar parte del grupo que sirviera de testigo moral de las decisiones que se tomaban en aquel lugar. Varios grupos pasaron por la ONU, pero ninguno se quedaba más de dos o tres años. Cierto es que de vez en cuando había intensas jornadas de trabajo que incluían largos viajes, encuentros con personas con otras culturas, otros valores y otras costumbres, en los que había que tener mucho cuidado con cosas tan básicas como comer, vestir o comportarse para no herir sensibilidades. Así, muy frecuentemente, Rigoberta volvía a México, auténtico centro de operaciones que la mantenía cerca de Guatemala, y reclutaba un nuevo equipo de personas que renovara el anterior. La única persona que invariablemente permanecía allí de forma continua era ella.

Los primeros contactos

Aparte de ese constante ir y venir de personas, Rigoberta ha mantenido relaciones permanentes con personalidades importantes. Hombres y mujeres que han marcado su vida, la mayoría de ellos por su contribución en la lucha por la liberación del pueblo. En los primeros años de la década de 1980 se formó el Comité Guatemalteco de Unidad Patriota. Estaba compuesto por relevantes personalidades muy implicadas con la difícil realidad del país. Personas que tenían en común un gran talante democrático, pertenecientes a todos los ámbitos sociales: periodistas, ex militares, poetas, ex ministros, personalidades del mundo académico, líderes políticos, etc. Rigoberta recuerda especialmente a Luis Cardoza y Aragón, el presidente del Comité, y a Pablo Ceto, el único indígena integrante, aparte de ella. Muchos de ellos se exiliaron, como Rigoberta, aunque hubo quien regresó para ocupar algún cargo gubernamental. Por otra parte, Rigoberta recuerda con gran cariño a Arturo Taracena, el impulsor de la idea de editar su primer libro, a principios de 1982, junto con Elizabeth Burgos. Ese mismo año, en Estados Unidos, conoció a varios jefes indios y a Bill Wahpepah, su principal mentor a la hora de conocer el laberinto de intereses de las Naciones Unidas.

Otra de las personas que más la ayudaron a desenvolverse por la ONU fue Louis Joinet, un amigo francés en compañía del cual le sucedió a Rigoberta una de las anécdotas más divertidas que recoge su autobiografía. Al parecer acudió en compañía de este hombre a una recepción internacional en la que se acercaron tres mujeres de aspecto señorial, bien vestidas y con muchas joyas. Sabían hablar español, mostraron curiosidad por Guatemala y se presentaron a Rigoberta; parecían muy simpáticas. Poco después, Rigoberta las presentó a su vez al señor Joinet y salieron todos juntos a tomar algo. Al grupo se unieron representantes de varios países, muchos de ellos de habla hispana, como Costa Rica, Panamá o Chile. En un momento de la cena, brindaron por tener a una maya quiché entre ellos, a lo que Rigoberta, ya con algo más de confianza, se atrevió a responder agradeciéndoles la oportunidad de estar allí. Era la primera vez que hablaba en público delante de un auditorio tan distinguido y todavía estaba un poco nerviosa. Entonces, una de las nuevas amigas se levantó y tomó la palabra: *Nosotras las putas estimamos mucho a Rigoberta*. En ese momento, Rigoberta cuenta que pensó: *¡Dios mío, qué putas hacen las putas aquí!*

Era algo bastante inusual, porque Rigoberta nunca había recibido apoyo de este sector, con tantos problemas como el indígena. *Nosotras las putas estimamos mucho a Rigoberta*, dijeron, y Rigoberta se quedó helada con el comentario. Una de las invitadas, con gesto serio y en voz baja, le señaló a la señora que quizá no se dijera así en español. Sin embargo, esta mujer le respondió que ella era la presidenta de la Asociación de Putas Suizas y que se sentían muy contentas de estar allí. Definitivamente, o bien hablaban muy poco español o bien se trataba de una gran provocación, puesto que la mayoría de los allí presentes eran latinoamericanos. En cambio, el representante de la OLP no entendía el motivo del incómodo silencio que había sobre la mesa, por eso, no dejaba de preguntar: *¿Qué ha dicho?, ¿qué ha dicho?,* pero nadie se atrevió a traducirlo. Las señoras putas se levantaron y señalaron a Rigoberta: *Bueno, ya nos vamos a ir. Mucho gusto. Rigoberta, ya sabes que tenemos un cuarto para ti. Te esperamos en casa.* Aquello fue demasiado; jamás antes había visto a nadie defender tan valientemente y en voz alta su condición de prostituta. ¡Y menos en semejante foro! Un amigo le comentó en broma: *¡Pero qué amigas tienes tú! No nos habías dicho cómo va el negocio.* Rigoberta no pudo aguantar una circunstancia tan tensa y se marchó llorando.

En América la situación es muy diferente, existe un rechazo brutal hacia estas mujeres. Rigoberta conocía la mentalidad de la gente que allí se había reunido y compartía la sensación de que, aunque la prostitución le parecía un problema social muy relacionado con la falta de respeto y de oportunidades a las mujeres, se trataba también de algo negativo y, en cierto modo, pecaminoso. De ese modo, trató de disculparse por lo sucedido días después por medio del señor Joinet. Realmente, nunca averiguó si aquello tuvo mayor importancia, pero sin duda a ella no se le olvidaría jamás aquel episodio.

Poco tiempo después, Rigoberta se mudó a la casa de una familia formada por un español, llamado Pedro, y una inglesa, de nombre Sally. Acogían en Ginebra a los guatemaltecos que debían viajar a Suiza por algún motivo. Rigoberta se quedó allí durante esos diez años.

Comenzó a asistir a los plenos de la ONU, poniendo mucha atención a los discursos y al idioma. Pronto consiguió asistir a una reunión del Grupo de Trabajo y, más adelante, tomar la palabra en una sesión. Allí pudo contar la situación de Guatemala y todos los problemas que se estaban viviendo. Existía la necesidad de que Guatemala se integrase en aquella organización, pero la embajadora de Guatemala, con el apoyo de los delegados de Estados Unidos y de Marruecos, impidió que progresara la solicitud. Hubo una gran tumulto y los representantes comenzaron a negociar. La delegación de Guatemala pidió que se despojara al Consejo Internacional de los Tratados Indios de su estatus consultivo. El apoyo de Estados Unidos a esta iniciativa fue incondicional, en parte por compartir una problemática similar con las tribus indias originarias. Nadie quería ver a los indígenas reclamando cosas en la ONU y mucho menos los países afectados. En todo caso, era una reacción extremadamente agresiva. Aquellos diplomáticos estaban trasladando sus políticas impositivas al estrado internacional, pero en este caso no les dio resultado. El Presidente reanudó la sesión y devolvió la palabra a Rigoberta.

Hablar en sentido diplomático acerca del sufrimiento de un pueblo resultaba muy doloroso. En ocasiones a Rigoberta le parecía indignante que mientras estaba relatando se acabara el turno de palabra porque no había más tiempo o porque al presidente de turno le parecía que ya era suficiente. Con el tiempo se ha adaptado a esa dinámica y se ha convertido en una experta oradora.

Estrategias en la ONU

La gran meta que durante los primeros 15 años persiguieron Rigoberta y sus colaboradores en la ONU fue, además de intentar conseguir resoluciones que condenaran claramente los delitos cometidos, elaborar una Declaración Universal sobre los Derechos de los Pueblos Indígenas. No sólo eso, sino que esta Declaración pudiera ser aplicada en todos y cada uno de los países miembros, para el pleno reconocimiento de la existencia de los pueblos indígenas del planeta. Después de que hayan transcurrido más de 50 años desde la Declaración Universal de los Derechos Humanos, los pueblos indígenas reclaman ser tenidos en cuenta. Habrá quien diga que en la Declaración no se hace distinción por raza u origen y, efectivamente, así es, pero el hecho de que los hijos de los indígenas no tengan garantizado un futuro con dignidad y libertad, en el que no sean perseguidos o masacrados, hace que esta petición adquiera absoluta pertinencia y legitimidad. En Guatemala, la adopción de un marco legal diferente tendría más posibilidades de aplicación, puesto que la mayoría de la población es de origen maya. Casi todos los sectores sociales tienen amplia presencia indígena, de manera que podrían ponerse en marcha nuevas normas económicas, políticas y militares con mayor facilidad. Esto no significa cambiar el sentido de las diferencias existentes y crear, por tanto, un desequilibrio de signo contrario, sino diseñar una unidad nacional que goce de diversidad étnica y cultural. El mensaje es esencialmente integrador.

Aquí cobra especial importancia la celebración del Quinto Centenario, puesto que podría servir de trampolín para el lanzamiento de un debate que incluya a los colectivos afectados. No sólo a los mayas de Guatemala, sino a los de Chiapas, a los pueblos del Amazonas, a los indígenas de los Andes, a los indios norteamericanos y a todos los pueblos olvidados del planeta.

Las estratagemas para ejercer presión en las oficinas y en las salas de reuniones de la ONU eran de lo más variopintas. Rigoberta y los suyos se colaban por las puertas de las cocinas para estar presentes, desafiaban la seguridad de las instituciones, a veces lograban entrar legalmente por medio de una acreditación conseguida a través de alguna ONG. Si no lograban penetrar en las reuniones, siempre obtenían información a través de algún amigo que viviera en la ciudad. Otras veces, los encargados de la seguridad se dirigían a Rigoberta para echarla de las salas principales. Nuestra protagonista cuenta que en esas ocasiones fingía no entender inglés hasta que terminaban desalojándola. Después, trataba de volver a entrar. Esa insistencia sólo se puede mantener si realmente hay fe en el trabajo que se defiende. Se mentalizaban pensando que lo que hacían no era perseguir a los delegados pisándoles los talones por los pasillos, sino evitar que se siguiera produciendo la desaparición de un niño, la muerte de una madre o la destrucción de una aldea. Sin embargo, Rigoberta asume que se trata de un trabajo de perdedores. Es necesario insistir cientos de veces a un diplomático para conseguir una audiencia y cuando ésta se consigue, muchas veces ni siquiera presta atención al interlocutor. Aun así, las violaciones a los Derechos Humanos que se estaban cometiendo tenían suficiente gravedad como para seguir insistiendo a la comunidad internacional para que hiciera cumplir los tratados. Cada año desde 1979 se ha emitido una resolución de la ONU acerca de Guatemala. Pocas de ellas se han implementado eficazmente.

En esas condiciones, los representantes de los países denunciados huían al ver a los colaboradores del movimiento indígena. Sabían que siempre tendrían una voz discordante, una opinión opuesta a sus tesis. Con la diferencia de que allí no los podían represaliar.

No sabía Rigoberta dónde se estaba metiendo. Poco a poco iba conociendo los entresijos de la administración, primero la de su país y más adelante la de las organizaciones internacionales; sin embargo, lo que halló en las Naciones Unidas no tenía nada que ver con lo que ella se había encontrado anteriormente.

Rigoberta se quedó profundamente impresionada con el sistema de votaciones, que al final es el momento en el que se deciden los grandes acuerdos económicos, militares y sociales entre países. Los diplomáticos aprietan un botón y dicen sí, no o se abstienen; también los hay que ni siquiera acuden a las votaciones. Pero para que todo esto ocurra, tienen que pasar meses de trámites previos en los que las poblaciones implicadas no reciben ni la más mínima información. A Rigoberta todo esto le parecía extremadamente frío e impersonal. De hecho, cuando se logró poner sobre la mesa el caso de Guatemala, pudo comprobar que éste tan sólo representaba una pequeña parte de los problemas del mundo. En este sentido, daba igual si uno representaba a una etnia u otra; todas las cuestiones relacionadas con el Tercer Mundo caían en el mismo saco. La sensación que se llevó Rigoberta fue que no era sino una minúscula partícula ante un monstruo de grandes fauces que se tragaba toda clase de asuntos políticos e incluso a ella misma.

Cuando necesitaba hablar con algún funcionario o con algún diplomático la dinámica era siempre igual. Los gobiernos reaccionaban del mismo modo, primero tardaban varios días en conceder una cita y después de estar toda una semana recordando cuándo se iba a celebrar la reunión, Rigoberta veía cómo se sentaban delante de ella mirando el reloj y saludando a todo el que pasara. Al final, la respuesta nunca cambiaba: los gobiernos siempre decían estar de acuerdo y comprometidos a trabajar en ello. Era como si se hubieran aprendido un papel y lo estuvieran representando, sin darse cuenta de que lo que allí se estaba tratando era una cuestión de vidas de personas, de tierra arrasada y de Derechos Humanos.

Esta situación se prolongó durante años sin que Rigoberta cejara en el empeño. Ella seguía trabajando, reuniéndose una por una con todas las personas que tomaban decisiones para que se tuviera en cuenta la situación de su pueblo. No obstante, las respuestas no solían variar. El Gobierno de Guatemala remitía informes en los que las cifras de muertos iban disminuyendo año a año. El drama humano se reducía para ellos a una cuestión estadística, de puro inventario, lo cual sólo podía desconcertar a Rigoberta en aquella maraña de papeles, fotocopiadoras y gente de actitudes automáticas.

Cierto es que no sólo Rigoberta y su equipo eran los que reclamaban cosas. Allí acudían personas procedentes de lugares donde ocurrían acontecimientos igualmente horribles, como Kurdistán, Timor, Ruanda, El Salvador, Indonesia, etc. Venían de la mano de organizaciones humanitarias que trataban de dar voz a las víctimas de mil y una catástrofes y atropellos, pero únicamente conseguían atención durante unos minutos. Sin embargo, entre ellos se creó un lazo de unión, una participación afectiva común de los problemas de los demás. De cualquier modo, no todos corrieron la misma suerte. Según Rigoberta, el azar dispuso que algunos casos fueran más escuchados que otros. Para el que nos ocupa, se consiguieron varias resoluciones, si bien cada una de ellas era discutida y revisada minuciosamente para no ofender al Gobierno de Guatemala. Todavía no se consideraba el del país de Rigoberta un problema serio de Derechos Humanos y, sin embargo, estaban a punto de llegar las noticias acerca de miles de refugiados y exiliados, de desplazados internos, de poblaciones masacradas, etc.

A lo largo de 12 años Rigoberta se mantuvo al frente de esta batalla que se libraba entre pasillos y despachos, fundamentalmente en dos lugares: Ginebra y Nueva York. Durante este tiempo ha visto de todo. Al principio incluso era difícil que los gobiernos aceptaran siquiera la existencia de los pueblos indígenas. Rigoberta asistía asombrada a discursos sobre Guatemala en los que algún funcionario nacional explicaba que allí había un solo pueblo unido, sin diferencias entre grupos étnicos ni racismo alguno. Lecciones enteras acerca de la Constitución, pero totalmente alejadas de la realidad del país. Eran los horribles años de la tierra arrasada y allí parecía que no pasaba nada. A raíz de aquel suceso, Rigoberta se propuso estudiar la Constitución de Guatemala, ya que necesitaba conocerla en aquel lugar donde tanto se debate acerca de Derecho. La indignación se hizo más grande, si cabe, al conocer de primera mano la gran cantidad de artículos que no tenían aplicación en la vida real. No hacía falta ser un jurista titulado para darse cuenta de que aquello no se correspondía con la cotidianeidad de su país.

Rigoberta fue nombrada embajadora de buena voluntad del Año Internacional de los Pueblos Indígenas en la ONU. Aunque no esté de acuerdo con muchas de las cosas que se dicen o con la forma de tratar algunos problemas, Rigoberta cree en el papel de las Naciones Unidas como un órgano importante para trabajar por la paz. Precisamente por este motivo su opinión es crítica con respecto al Consejo de Seguridad y su capacidad para intervenir en conflictos armados.

Un antecedente muy importante de toda esta batalla indígena lo establecieron los pueblos americanos y canadienses originarios. Los sioux, los navajos, los jopis, los lacotas, entre otros, viajaron en la década de los 70 a la sede de las Naciones Unidas en Ginebra con sus tambores y sus vestimentas tradicionales para ser escuchados en el foro en el que se estaba debatiendo acerca de su vida y de sus tierras.

Gracias a éste y a muchos otros gestos se logró uno de los principales éxitos a nivel administrativo: la creación del Grupo de Trabajo sobre Poblaciones Indígenas. Primero se creó el Consejo Internacional de Tratados Indios, que obtuvo reconocimiento como ONG con estatus consultivo en 1976. Ahora mismo, después del trabajo de Rigoberta y de muchos otros grupos, hay más de 11 organizaciones indígenas con ese mismo rango. Si bien en los primeros años de la década de los 80 comenzó a hacerse oficial el asunto indígena, no fue hasta mediados de esa misma década cuando el Grupo de Trabajo se convirtió en una plataforma con peso específico dentro de aquel entramado. Entró a formar parte del mundo de la diplomacia internacional.

Una de las primeras acciones emprendidas, aparte de dejar constancia ante el mundo de la situación vivida en Guatemala, fue la recuperación de todos los documentos que trataron la cuestión indígena a lo largo de los años. Se creó una valiosa base de datos en Ginebra con la memoria del pueblo indígena. En cualquier caso, los tratados no son la panacea. Los indígenas de Estados Unidos y Canadá disponían de ellos, por ejemplo, pero no se cumplieron y ahora viven en reservas. La contaminación de las aguas, la apropiación de sus tierras y la introducción de grandes cantidades de alcohol en sus comunidades amenazan actualmente su supervivencia. De modo que todo el patrimonio escrito quedó reunido en un Centro de Documentación de existencia efímera. En 1989 un nuevo golpe a la institucionalización de los indígenas terminó con el proyecto. El Centro había sido incendiado y ya no quedaban más que cenizas. Esto significaba un paso atrás en la carrera por desarrollar un marco jurídico que diera validez legal a los derechos de los indígenas. Para ello hacía falta que hubiera un reconocimiento como pueblo específico en la Declaración Universal de los Derechos Humanos.

Precisamente, en 1985, cuando el Grupo de Trabajo comenzaba a tener una voz, la ONU decidió hacerlo desaparecer por motivos presuntamente presupuestarios. A raíz de esto, las ONG, las asociaciones que luchan por el medio ambiente y los grupos de indígenas se unieron para conservar su lugar aunque fuera sin fondos. El Grupo se quedó y recibió un empujón importante en 1989, tras la caída del muro de Berlín y la llegada masiva de poblaciones indígenas. Hasta ese momento era una cuestión que afectaba, sobre todo, a países americanos, con alguna representación australiana y neozelandesa. Sin embargo, ese año se unen numerosos representantes de África y Asia y, como gran novedad, comunidades del este de Europa. El trabajo se multiplica, en parte por las luchas nacionalistas, pero sobre todo porque empieza a debatirse el asunto del Quinto Centenario.

Desde el momento en que la voz del Grupo comienza a resonar fuerte, varios países, especialmente los más afectados, se unen a las reuniones. Por fin empezaban a debatir todos en un mismo foro; se inició un proceso de diálogo y de negociación muy fructífero. Las legislaciones debían hacerse con la participación de los pueblos indígenas, no a sus espaldas. Por fin llegaba el momento de construir naciones multilingües, multiétnicas y multiculturales.

La situación política durante la década de los 80

Mientras Rigoberta se peleaba con la administración internacional, en Guatemala el sangriento régimen del general Romeo Lucas García fue sustituido en 1982 tras una revuelta militar que, pese a las esperanzas del pueblo, no acercó la libertad ni el cese de la violencia. El grupo de poder que se situaba en torno a Lucas García, de carácter militar y latifundista, cambió por un clan religioso liderado por el general Efraín Ríos Montt; sin embargo, el baño de sangre no varió gran cosa.

Ríos Montt se presentó como un salvador para el país a lomos de una nueva moral regeneradora. De nuevo la influencia norteamericana estaba detrás. La nueva secta revivalista establecida en el poder tenía sus raíces en Estados Unidos y, como primer golpe de efecto, meses después de tomar el mando, decretó el estado de sitio y suspendió las libertades civiles recogidas en la Constitución. La democracia quedaba muy lejos, pero la regeneración también: el general se nombró a sí mismo presidente de la República y, a la vez, ministro de Defensa. A partir de ese momento quedaron prohibidas las actividades políticas y sindicales; cualquier reunión privada sólo podía celebrarse previa autorización del Ministerio, esto es, de él mismo. Queda impuesta una dictadura absoluta de sello fascista: cualquier sospechoso de alterar el orden público puede ser detenido, se permite el registro en los domicilios sin orden judicial y el movimiento de los ciudadanos permanece restringido, mientras grupos de muchachas se ven obligadas a entonar cantos religiosos frente a la Presidencia. Todo bajo la justificación de la lucha contra la subversión, contra la resistencia ejercida por los guerrilleros de izquierda, es decir, contra los campesinos indígenas.

Entretanto, las reuniones con políticos de derecha y centro-derecha en pos de una futura democracia mantenían a raya a sectores influyentes. En cualquier caso, una vez que el poder estuvo asegurado, las conversaciones se diluyeron con el consentimiento de los círculos de empresarios. El general Ríos Montt tan sólo interviene en la vida social del país para moralizar a la burguesía, pronunciando sermones acerca de la fidelidad, el valor de la familia y de las inversiones en el país. Por lo demás, su lucha se centra en la represión de las fuerzas subversivas, pues al parecer ese especial sentido cristiano no impide continuar con la matanza de campesinos en el altiplano, siguiendo una estrategia de aislamiento en los poblados, a modo de campos de concentración, para mantenerlos aislados de la guerrilla.

En el año 1989 se celebraron elecciones legislativas en el país. Rigoberta era la acusación viviente, tanto a nivel interno como externo, de la irregular situación por la que pasaba Guatemala. Otras voces se alzaban en contra de la pantomima animada por Estados Unidos para lavar la cara de la dictadura. De todas ellas, hemos elegido un extracto de la pastoral publicada en aquellas fechas por los obispos del país.

> *Jamás en la historia de Guatemala se ha encontrado el pueblo tan indefenso, tan dependiente y tan sumido en la más grande desesperanza porque jamás se había usado con tal descaro la mentira, el engaño y el fraude. Así, pues, las elecciones exigirían una serie de determinadas condiciones sociales, políticas y económicas que desgraciadamente no se están dando en Guatemala. [...] Es un hecho que un ciudadano presionado, aterrorizado o amenazado no está en plena capacidad para ejercer libre y conscientemente el voto.* [Después de hacer referencia a la cantidad de personas reclutadas a la fuerza en las milicias civiles, unas 90.000, añaden lo siguiente]. *Un pueblo hambriento y desesperado es fácil presa de ofrecimientos demagógicos en tiempo de elecciones.*

No era difícil desacreditar unas elecciones celebradas en las condiciones que atravesaba Guatemala. En todo caso, después de 32 años, Vinicio Cerezo se convirtió en el primer presidente electo tras toda la sucesión de dictaduras militares que habían asolado el país desde 1954.

La situación en Guatemala durante estos años de la segunda mitad de la década de los 80 se caracterizó por las maniobras del Gobierno para integrar a los líderes populares y a las personalidades en el exilio dentro del sistema político de la nación. Ofreció el regreso a muchos intelectuales residentes en el extranjero con plenas garantías. Aquellos que habían huido por razones personales y familiares, no ideológicas, vieron en éste un momento perfecto para volver al hogar en condiciones seguras.

En el caso particular de Luis Cardoza y Aragón, la negativa fue rotunda. Él era uno de los que se mantenía en el exilio para luchar a favor de la democracia y de un país más justo. Cerezo, sin embargo, arrogándose el papel de primer presidente civil del país, le ofreció un puesto en la administración, con el fin de desmilitarizar el poder del Gobierno. Sin embargo, las huellas de la tierra arrasada eran muy profundas, lo suficiente como para haber creado una conciencia nacional de rechazo a la violencia extendida por un sistema militarizado.

La relación con Luis fue enormemente fructífera para Rigoberta, hasta el punto de considerarle todo un maestro y hermano en su autobiografía. Las conversaciones que mantuvieron trataban frecuentemente de la cuestión indígena y sus opiniones no siempre coincidían. Al parecer, esto le permitió a Rigoberta ampliar el horizonte de sus opiniones y discutir a un nivel muy elevado, como no podía ser de otra manera teniendo en cuenta que Luis Cardoza era un gran humanista. De esta manera pudo rellenar un hueco que pocos indígenas han tenido la oportunidad de completar. La capacidad para teorizar acerca de su situación queda en un segundo plano cuando está en juego la comida, la seguridad de la familia e incluso la propia vida.

Desde México, Luis Cardoza y Aragón mantenía su rechazo a volver a su país mientras la población civil estuviera al servicio del poder militar y no al revés. Fatalmente, Luis murió antes de que se cumplieran sus sueños sobre Guatemala.

La situación política era tan inestable que, incluso, se llegó a producir un intento de golpe de Estado en el año 1988, lo cual no sorprendió demasiado habida cuenta del ambiente, ya caldeado desde que el primer día de gobierno el Presidente hiciera públicas promesas de diálogo con la guerrilla y apuntara una política de mayor calado social. De ese modo, la crisis económica, el clamor popular y la aparición de grupos de presión internos acentuaron la fuerza sobre el Gobierno. Especialmente fuerte fue la presión ejercida por un sector del Ejército que se hizo denominar Oficiales de la Montaña y que se autoerigía como representativo de los militares que combaten la guerrilla. Declararon su posición en contra de las negociaciones, pues decían que únicamente serviría para aumentar la moral de los insurgentes. La primera de las rondas de negociación se celebró en Madrid un año antes y terminó en fracaso. Ahora comenzaba una segunda ronda de conversaciones entre la Comisión Nacional de Reconciliación y de la Unión Revolucionaria Nacional Guatemalteca (URNG).

Comunidades de Población en Resistencia

Frente a una represión tan potente como la de Guatemala, ya hemos comentado que se crearon nuevas formas de resistencia. La población se marchó a las montañas donde se sentía más protegida, a pesar de los bombardeos. Allí se desarrollaron nuevas comunidades basadas en la recolección y la caza, a consecuencia de la imposibilidad de trabajar en sus tierras. Las sociedades desplegadas por las montañas desarrollaron la medicina natural para luchar contra las enfermedades, sobre todo infecciosas. Basándose en los conocimientos de los mayas, encontraron la forma de combatir la malaria, las fiebres, la lepra de la montaña y las úlceras, sin necesidad de depender exclusivamente de los fármacos procedentes del exterior.

Durante toda la década de los 80, la selva fue el hogar de miles de personas que lograron adaptarse a la rica naturaleza de Guatemala. En realidad, todo esto ya había sucedido 500 años atrás. La historia se repite. Cierto es que muchas tradiciones se vieron mermadas, pero a cambio se reforzaron los lazos internos. Defender la vida de uno mismo es defender la del compañero, pues sólo en grupo se conseguía sobrevivir. Y en esos grupos hay de todo: ladinos e indígenas, etnias y culturas diferentes. Un ejemplo perfecto de convivencia, un antecedente sobre el que levantar una sociedad nueva.

Otra de las resistencias que se estaban ejerciendo con mucha intensidad era la oposición al servicio militar obligatorio. La objeción de conciencia como desobediencia civil frente a un sistema que prepara a los jóvenes para servir a un Estado represor y criminal se erigió como uno de los frentes más defendidos. Durante muchos años los niños mayores de 15 años se han estado escondiendo para no ser detenidos y llevados al cuartel. En muchos países con más tradición democrática los ciudadanos pueden servir a su patria de diferentes formas, por ejemplo, a través de un servicio social.

La primera vuelta del exilio

El 18 de abril de 1988, Rigoberta volvería a su país desde México. Después de varios años de proscripción, seis en el caso de nuestra protagonista, varios líderes de la Representación Unitaria de Oposición de Guatemala (RUOG), la plataforma progresista que aglutinaba a sectores indígenas, obreros e intelectuales de oposición al Gobierno, anunciaron su regreso. Desde 1982, año de la fundación de la organización, Rigoberta Menchú, como líder indígena de la provincia del Quiché, Rolando Castillo, ex decano de Medicina de la Universidad de San Carlos, y el abogado laboralista Frank La Rue, no habían podido volver a ver su tierra.

El presidente democristiano guatemalteco, Vinicio Cerezo, dio órdenes de arrestarlos en el mismo aeropuerto internacional con un gran despliegue policial que a todos sorprendió. Su llegada a Guatemala fue fruto de una desafortunada invitación del embajador guatemalteco ante la Comisión de Derechos Humanos de la ONU en Ginebra. Con la supuesta intención de ofrecer la mano en un gesto de acercamiento consecuente con los acuerdos de Esquipulas II, en los que se compromete el diálogo gubernamental centroamericano con las organizaciones de oposición no alzadas en armas, se escondía una maniobra política para apaciguar la condena internacional. La constante violación de los Derechos Humanos requería pinceladas publicitarias de este estilo. Así, cargados de valentía y dignidad un tanto cándidas, Rigoberta y sus compañeros decidieron acudir a la cita con mucha firmeza. De algún modo, les serviría para recordar a los miles de detenidos, de homenajear a los maltratados en manos del Gobierno, pero desde una perspectiva diferente y novedosa: la de presos políticos, los primeros del país. Efectivamente, las acusaciones informales los tachaban de insurgentes comunistas, de subversivos indigenistas y feministas, de opositores rebeldes, al cabo. Cuando los indígenas luchan por sus intereses legítimos se los tacha de indigenistas. Si la batalla va más allá y se reclaman reivindicaciones sociales, se convierten en comunistas. Y si a eso se añade el derecho de las mujeres, no sólo son indigenistas y comunistas, sino también feministas. Eran los años de la Guerra Fría o, al menos, de sus postrimerías, de la amenaza marxista, del fantasma del castrismo; el hecho de poner etiquetas no era otra cosa que un signo de desprecio hacia sus pretensiones aprovechando la inercia política general.

Fueron trasladados en furgonetas de lunas tintadas, como las que durante muchos años utilizaron las patrullas, los soldados y los agentes judiciales para cometer sus fechorías. Los llevaron a los tribunales y comenzó el proceso. ¿Quién los defendía? De Rolando Castillo se encargaba un abogado obtenido gracias a la presión de los compañeros y estudiantes de la facultad. A Rigoberta, en cambio, nadie se atrevía a prestar ayuda. El miedo a posibles represalias impedía a mucha gente ejercer su labor. Finalmente, el mismo abogado encargado de Rolando accedió a prestar sus servicios fuera de su horario laboral, a título individual. La Universidad no quería verse mezclada en asuntos turbios que no tuvieran que ver con el mundo académico y sus representantes. Pese a ser el mismo caso y las mismas imputaciones, de nuevo el fantasma de la diferencia y el racismo se cernía sobre Rigoberta.

¿Cuáles eran las acusaciones? La primera era instigar levantamientos civiles en diferentes áreas del país. Cabe recordar que Rigoberta llevaba ocho años fuera del mismo, pero aún así se la acusó de organizar revueltas y poner en peligro la seguridad nacional. La segunda era extender ideas marxistas-leninistas por medio de escritos, lo cual también constituía una amenaza al Estado, algo terminantemente prohibido en el país. Por último, la tercera imputación era la más preocupante, puesto que la acusaban de colaborar con la guerrilla. Según las denuncias presentadas, Rigoberta tendría dos campos de entrenamiento de guerrilleros en el extranjero, uno en Nicaragua y otro en Cuba. Estos cargos podían servir perfectamente para condenarla para siempre o incluso para acabar con su vida, sin embargo, posiblemente facilitaron el efecto contrario. Hubo tal reacción de indignación popular que la gente salió a la calle a pedir que fueran liberados. Los organismos sociales levantaron la cabeza, pese al miedo reinante, para exigir justicia. El papel de los medios de comunicación escritos resultó fundamental porque dieron una gran relevancia a los hechos, de modo que la causa defendida por Rigoberta obtuvo una promoción indirecta que jamás habría conseguido de otro

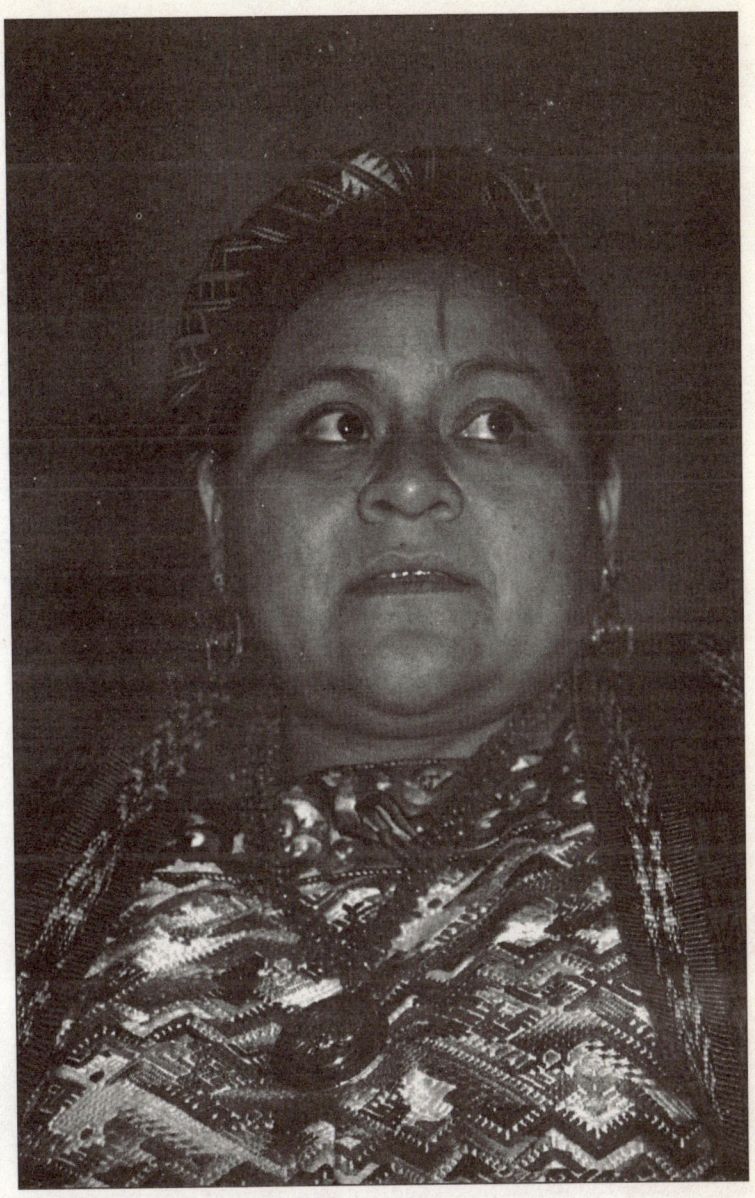
Rigoberta Menchú obtuvo el reconocimiento internacional gracias al Premio Nobel de la Paz en 1992.

modo. Así, Rigoberta y su mensaje se volvieron, si no lo eran ya, definitivamente famosos en el país.

Pero todavía quedaba una cosa por saber: ¿quién los juzgaba? El juez Alcides era un personaje harto conocido por Rigoberta y su familia puesto que durante más de 30 años se mantuvo como magistrado en el Quiché. Era el responsable de haber condenado a Vicente Menchú a pasar un año entre rejas por subversivo. Muchos inocentes habían sufrido la represión bajo su ejercicio. Ahora ocupaba el cargo de juez de primera instancia y entre sus responsabilidades estaba la de interrogar a Rigoberta. Ahora la situación era bien distinta. Con el respaldo de observadores internacionales y un buen abogado detrás, Rigoberta responsabilizó al Gobierno de cualquier acto de violencia que se cometiera contra ella. Varios senadores estadounidenses, diputados europeos y otras personalidades actuaban como testigos del proceso. No obstante, el proceso siguió su camino. El presidente Cerezo no varió su actitud, en parte porque, según Rigoberta, los altos dirigentes estaban tan vendidos a las altas esferas militares y económicas del país que simplemente actuaban como meros títeres. En esa situación, la intermediación de la indignada señora Danielle Mitterrand fue decisiva. El presidente Mitterrand también llamó, al igual que otras autoridades internacionales. La presión resultó eficaz, ya que horas después fueron puestos en libertad.

Y era la libertad, no la amnistía, la que se ponía de su parte. Para Rigoberta es muy importante dejar clara esta distinción porque acogerse a la amnistía suponía aceptar la comisión de un delito, como se hacía con los paramilitares y los soldados implicados en la represión. También se empleaba con guerrilleros revolucionarios a los que se ponía en libertad tras salir en los medios abandonando sus armas, como una forma de difundir una postura y combatir psicológicamente la causa de sus compañeros; el destino final de estos amnistiados era incierto. En todo caso, Rigoberta y sus colaboradores no querían saber nada de la amnistía, les parecía que habían sido detenidos ilegalmente y acusados de delitos que no les correspondían y, por tanto, se convertían en presos políticos que debían denunciar la situación tan injusta que vivía su país. De todas formas, el juez informó a los medios de comunicación de que se les había concedido la amnistía. A partir de aquí, el riesgo de padecer algún tipo de ataque se hacía mayor, desde el momento en que, paradójicamente, dejaban de estar bajo la custodia del Gobierno. Una vez fuera del caso cualquiera podría atentar contra su vida sin que el Gobierno se viera obligado a responsabilizarse de ello. Por ese motivo, pronto dejaron de nuevo Guatemala. El ambiente que se respiraba era enormemente tenso. Uno de aquellos días los colaboradores de Rigoberta detectaron a un hombre armado en el vestíbulo del hotel donde se alojaban. Al parecer se trataba de un agente secreto, un policía judicial. A los seis días de su liberación, Rigoberta volvió a irse del país.

Desde aquel episodio, los viajes a Guatemala fueron mucho más frecuentes. Comenzaron a organizar actividades de mayor envergadura en el país, como el Tercer Encuentro Continental de los 500 años. En uno de aquellos actos Rigoberta conoció a Ángel, la persona con la que se casaría unos años después.

En el altiplano, las noticias que llegaban de todos aquellos sucesos estaban claramente distorsionadas. El Ejército se llevó a la familia de su hermano Nicolás a un campamento donde les dijeron que la máxima dirigente de la guerrilla había sido capturada y que sería próximamente fusilada. Cuando pusieron en libertad a Rigoberta, la razón esgrimida fue que había descubierto a todas las familias vinculadas a la guerrilla, que había traicionado a su pueblo.

A medida que iba sonando el nombre de Rigoberta para la candidatura al Premio Nobel, su casa era cada vez más hostigada por los militares. La familia de Nicolás nunca pudo descansar durante aquella etapa. De hecho, una vez que Rigoberta obtuvo reconocimiento internacional, la venganza consistió en inventar delitos y acusarles injustamente. Hubo una ocasión en la que detuvieron a Nicolás por haber vendido, presuntamente, maíz a la guerrilla. Cada vez que ocurría algo así, todos los recursos de la familia tenían que invertirse en pagar a las autoridades para que le soltaran. Rigoberta guarda pruebas documentales de aquellas detenciones, papeles firmados por alcaldes, jueces de paz, agentes judiciales, miembros de las PAC, militares e hijos de terratenientes. Con todos y cada uno ellos te podías cruzar por la calle y nada podías hacer. Era una situación tremendamente injusta.

Sólo una vez pudieron verse en aquel tiempo. Fue unos días antes de la concesión del Nobel. Nicolás se atrevió a abandonar sus tierras y se dirigió a visitar a su hermana a la capital. Rigoberta sabía que todavía estaban vivos, pero la preocupación que sentía por su estado era enorme. Cuando le vio no se lo podía creer. Sentía una increíble felicidad, pero no podía expresarla como la hubiera gustado; tuvo que esconder que aquél era su hermano. Hubieron de verse a escondidas, porque en público el simple hecho de llorar hubiera delatado un parentesco que se habría convertido en un peligro mortal para él.

La situación cambió algo tan sólo después de obtener el Premio Nobel. La familia de su hermano pudo respirar más tranquila, aunque las maniobras de represión no desaparecieron del todo. También a Rigoberta le llegaban amenazas de todo tipo, en forma de cartas, mensajes, intimidaciones, etc.

El Quinto Centenario

En 1992 se celebraron los actos del Quinto Centenario. La comisión oficial encargada de organizarlos era española y Rigoberta tuvo algunos desencuentros con sus representantes, especialmente por todo lo relacionado con los pueblos indígenas. Los puntos de vista estaban totalmente enfrentados: mientras que la comisión pensaba en festejos, a los representantes de los pueblos indígenas les parecía que no había nada que festejar. Para Rigoberta no se trataba de un *encuentro entre dos culturas,* aunque sí podría servir para rememorar a los antepasados; el grave recuerdo de 500 años de resistencia de los pueblos avasallados. Esta opinión causó cierta conmoción en los organismos internacionales. Recuperemos algunas de sus incendiarias palabras:

> *Los gobiernos latinoamericanos necesitan publicidad para avalar las olas incipientes de democracia o las inexistentes democracias y por eso están listos a invertir millones de dólares para celebrar los exitosos encuentros culturales de España con los antiguos dueños del continente y los logros del desarrollo. Pero esto sería un escándalo. En Guatemala, el 85 % de la población es analfabeta. [...] Por eso los indígenas no aceptamos que el quinto centenario sirva para burlarse de nuestros pueblos y queremos que sea el Día de los desaparecidos, el Día del castigo a los responsables de tantas muertes.*

En todo caso, si la fecha tenía tanta relevancia, los indígenas reclamaban su derecho a participar. Después de 500 años habían sobrevivido a todo tipo de acontecimientos históricos y se sentían con el derecho a ser actores en esta escena. Las ideas defendidas por los indígenas en el Quinto Centenario han girado en torno a la contribución cultural de sus pueblos, a la apropiación indebida de su propiedad intelectual, a su estrecha relación con la naturaleza y con la vida, etc. Los países desarrollados se han encargado de difundir muchos de los mensajes de los pueblos indígenas sin citar siquiera su autoría. Era importante que en ese año de tanta relevancia internacional se pudieran recuperar las raíces milenarias del pensamiento indígena.

Así, desde 1989 se estuvieron manteniendo encuentros a nivel continental, sobre todo en Nicaragua y Guatemala, para llegar al Quinto Centenario con unas expectativas y unas reivindicaciones comunes. Se trataba de hacer un redescubrimiento de la cultura indígena, de hecho, un autodescubrimiento de la cultura en parte perdida, en un momento de gran repercusión mundial. Después de medio milenio de silencio se daba una oportunidad única para alzar la voz.

Rigoberta estuvo viajando por todos los países de América antes de recibir el Premio Nobel. Participó en innumerables conferencias sobre desarrollo y pobreza. Se reforzó en la idea de que las instituciones debían empezar a creer que los pueblos pueden aportar sus conocimientos y su trabajo para mejorar la sociedad.

VII. EL PREMIO NOBEL

A finales de la década de los 80, el nombre de Rigoberta Menchú comenzó a ser sugerido para la candidatura al Premio Nobel de la Paz. Efectivamente, en el año 1989 el comité Nobel del Parlamento noruego barajaba varias personalidades y organizaciones. Las especulaciones del momento hablaban de Mijail Gorbachov, en su doble condición de autor de múltiples propuestas de desarme e impulsor de transformaciones en la antigua Unión Soviética; los disidentes checoslovacos Jiri Hajek, ministro de Exteriores durante la *primavera de Praga,* y el escritor Vaclav Havel, ambos estrechamente vinculados al movimiento disidente Carta 77; el líder de la revuelta estudiantil Chal Ling, famoso después los últimos acontecimientos en China; el Dalai Lama, líder tibetano enfrentado desde hace muchos años con el régimen de Pekín, y algunos otros candidatos con trayectorias contrastadas como Inga Thorsson o Nelson Mandela. Entre todos ellos, una indígena guatemalteca llamada Rigoberta Menchú se abría camino rápidamente.

Los apoyos

A Rigoberta esta idea le hacía mucha gracia porque nunca se había imaginado que se pudiera hacer realidad. Los sectores que promovieron esta propuesta tenían procedencia muy variada, pero había muchas organizaciones de solidaridad en Italia que ejercían una defensa muy fuerte. Otro apoyo potente se recibió desde sectores cercanos a Amnistía Internacional en Australia. Además de estas ayudas, no cabe duda de que hubo fuerzas opuestas. Las diferentes etnias del continente querían saber la posición ideológica que representaba Rigoberta, qué sectores de influencia tenía detrás, lo cual no dejaban de ser consecuencias de la política de bloques surgida de la Guerra Fría. En cualquier caso, no era difícil descubrir que Rigoberta no tenía filiación política alguna, que representaba tan solo una experiencia propia. Por otra parte, estaba la cuestión económica. Incluso algunos compatriotas guatemaltecos estaban más preocupados de saber el destino de ese dinero que de apoyar su candidatura. Muchas de estas discusiones fueron sostenidas en el Segundo Encuentro Continental de los 500 años de resistencia indígena, negra y popular, pero quiso la providencia que Rigoberta estuviera afónica y no pudiera participar en la polémica suscitada. Al final, la situación se resolvió por votación y la propuesta de Rigoberta salió adelante.

El siguiente gran paso fue la presentación de la candidatura al Instituto Nobel de la Paz en Noruega. El argentino Adolfo Pérez Esquivel, condecorado en el año 1980, fue el encargado de hacerlo a finales de 1991. Otras personalidades y entidades declararon su apoyo público a la candidatura, como monseñor Desmond Tutu, el Parlamento Noruego y varias importantes personalidades de la sociedad inglesa e italiana. Sin duda, se trataba de una candidatura con muchos y variados padrinos: conventos católicos y evangélicos, personalidades del mundo del arte y de la ciencia, así como personas de origen humilde mostraron su conformidad.

Rigoberta ya empezaba a vislumbrar la posibilidad de hacerse realmente con el Premio. Ante ella, se reunió en México con representantes de la Unidad Revolucionaria Nacional Guatemalteca, especialmente con Miguel Ángel Sandoval, un miembro ya conocido de la comisión política. Quería averiguar las posibles consecuencias de la concesión del Nobel, pero, sobre todo, comenzar una relación que sería de mucho valor en caso de que tal cosa finalmente sucediera.

No obstante, la parte más importante del proceso, según Rigoberta, comenzó en octubre de 1992. Como ya hemos comentado, el doctor Arturo Taracena fue una de las personas más significativas del entorno de Rigoberta; de hecho, fue el principal impulsor de la publicación de su primer libro años atrás. Hacía cerca de diez años que ya había señalado que el hecho de publicar un libro podía dar un impulso enorme a la memoria histórica del pueblo de Rigoberta. Sin embargo, debían contar con alguien que lo introdujera en el mercado editorial. Un libro escrito por una indígena y un historiador exiliado tendría poca repercusión, razón por la cual se pusieron en contacto con la venezolana afincada en París Elizabeth Burgos. Elizabeth, directora de la Casa de América Latina en Francia y esposa de Régis Debray, ex teórico revolucionario y asesor del presidente francés François Mitterrand, formó finalmente parte del proyecto. Ella se encargó de la grabación y la transcripción. La obra obtuvo reconocimiento internacional rápidamente; como muestra, recibió el Premio Casa de las Américas en 1983, en el género de testimonio. Actualmente, nadie duda de la importancia que tuvo el libro a la hora de convencer al comité acerca de a quién conceder el Premio Nobel.

Arturo Taracena era un gran conocedor de la historia de Guatemala y de las circunstancias particulares de la vida de Rigoberta. Estaba al tanto de las tragedias sufridas por su familia y, pese a ser ladino y de alta clase social, se había esforzado mucho en intentar comprender la situación indígena. Bien, en esas fechas Rigoberta partió rumbo a Costa Rica para mantener una muy relevante conversación con el señor Taracena. Trataron de resolver de qué forma podría servir mejor el Nobel al pueblo de Guatemala y, en el caso de no obtenerlo, cómo manejar las situaciones adversas que se pudieran producir. Convinieron en que una buena manera de sacar rendimiento al Nobel sería mediante una fundación que sirviera como instrumento de trabajo. Una institución que sirviera para ejercer una misión de paz, no sólo ayudando a las necesidades reales de la gente, especialmente las relacionadas con la tierra y la justicia, sino manteniendo la memoria de lucha indígena que la familia de Rigoberta siempre defendió. En definitiva, el doctor Taracena colaboró intensamente en la creación de un ideario sobre el que se descansara la Fundación.

Por otra parte, trataron el tema de la unidad nacional. Un reconocimiento tan relevante como el Premio Nobel debía servir para unir a toda la población, indígenas y no indígenas, para fomentar la paz en todo el territorio guatemalteco y más allá de él. Porque lo sucedido a Rigoberta simboliza las miserias de todos los pobres del mundo, especialmente del continente americano. Aquella fue una noche muy productiva.

La siguiente parada fue en Nicaragua. Por primera vez Rigoberta recibió escolta oficial del Gobierno, pese a que la entrevista con Violeta Chamorro, presidenta del país, fue denegada. Se entrevistó, no obstante, con Daniel Ortega y otras personalidades del país. En estas fechas comenzaba un nuevo estilo de vida para nuestra candidata, ya que, a partir de este momento, nada volvería a ser igual.

Se celebraba el Tercer Encuentro Continental de los 500 años de resistencia indígena, negra y popular. Allí fue recibida por Mirna Cunningham, una amiga muy especial, que la avisó de que la expectación generada por su llegada era enorme. Mientras tanto, en México, la pequeña oficina de Rigoberta ya estaba saturada por las llamadas.

Todo el mundo quería ponerse en contacto con ella antes de cualquier noticia, como muestra de amistad sincera, independientemente del resultado. Efectivamente, comenzaron a suceder cosas inimaginables para Rigoberta; de repente todo el mundo reclamaba su atención. Era como si el mundo se hubiera vuelto del revés.

Decidieron preparar un discurso para el encuentro y no permanecer allí demasiado tiempo con el fin de no entorpecer el normal desarrollo de las jornadas. El objetivo de la reunión era obtener acuerdos prácticos y con tantos medios de comunicación se generaba una distracción poco útil. Allí se encontró con Adolfo Pérez Esquivel, que mostró una gran alegría cuando se vieron, principalmente porque si se hacía con el Nobel podrían colaborar juntos toda la vida, como efectivamente así llegaría a ser.

Un ensayo general de la ceremonia de los Nobel tuvo lugar en la Universidad Centro Americana de Nicaragua, cuando le fue concedido el doctorado *honoris causa* en Humanidades poco antes de regresar a Guatemala. Junto a un altar formado por productos naturales, sobre todo maíz y frutas, Rigoberta recibió un reconocimiento seguido por una multitud que abarrotaba el edificio y parte del exterior. Si alguna duda albergaba Rigoberta acerca de sus posibilidades con el Nobel, seguro que desaparecieron en ese instante. Además, las fechas estaban jugando un papel muy importante: se cumplían 25 años de la muerte del otro gran Premio Nobel guatemalteco, Miguel Ángel Asturias, y cinco siglos del descubrimiento de América.

La concesión en Guatemala

La llegada a Guatemala también estuvo rodeada de una gran expectación. El recibimiento en el aeropuerto fue masivo; había una multitud como nunca antes había visto Rigoberta. Ante esto, tan sólo pudo recitar un poema escrito por ella misma llamado *Madre patria*. Poco más pudo decir, pues se encontraba superada por los acontecimientos, aunque se acordaba muy bien de otros recientes. Cómo puede cambiar tanto la vida, pues no hacía mucho que la multitud congregada a su llegada era de policías que la esperaban para detenerla allí mismo.

Lo primero que hizo fue reunirse con los integrantes del equipo promotor de la candidatura. Durante los últimos meses habían estado trabajando para difundir los valores más importantes de la lucha de

Rigoberta y habían organizado diferentes actos, algunos de ellos por el interior del país.

Surgieron cuestiones que nunca antes se habían planteado como, por ejemplo, la seguridad. No era descabellado pensar en un atentado contra su vida, motivo por el cual aceptaron toda la ayuda necesaria. Rigoberta se veía rodeada de escoltas y de hombres armados a su servicio y no se lo creía: el Gobierno protegiéndola, una situación verdaderamente llamativa.

El más importante de los actos programados en el interior del país fue la marcha de Sololá, el 12 de octubre, aniversario de la llegada de Colón a tierras americanas. Más que para homenajear este hecho, la marcha sirvió para unir a autoridades, mandos eclesiásticos, indígenas y ladinos de toda índole. Parecía que la causa común mostraba que era posible una sociedad plural. En ese mismo instante, unas 20.000 personas se congregaban en Santa Cruz del Quiché a la espera de Rigoberta. Era imposible atender a todos los requerimientos; quedaban tres días para el anuncio del Premio Nobel y los actos se multiplicaban. Al día siguiente acudieron a Escuintla, donde los trabajadores de las fincas se concentraron en las calles. Rigoberta recuerda especialmente las muestras de afecto que le brindaron los ciudadanos. En Guatemala expresan estos sentimientos de aprecio y admiración poniendo las manos sobre la cabeza y la espalda de quien sea, cosa que, en este caso, casi acaba con ella. Más tarde partieron hacia San Marcos, al norte del país, en la frontera con Chiapas, donde la gente mostró un gran apoyo a la candidata y, en particular, a su condición de maya. Esto sucedió como reacción a algunas posturas de los medios de comunicación que ponían en tela de juicio su candidatura por el hecho de ser indígena. Sin ir más lejos, el propio presidente de la República, Serrano Elías, prefería la candidatura de una ladina llamada Molina de Stahl, representante de una institución caritativa, hasta el punto de que nunca fue inscrita oficialmente y sólo recibió apoyo interno, quizá para desprestigiar a Rigoberta y restarle apoyos.

Como en tiempos más lejanos, el alojamiento en el que iban a pasar la noche recibió amenazas, por lo que tuvieron que buscar hospedaje en la iglesia. El equipo estaba formado por muchas personas, entre ellas Vitalino Similox, Rosalina Tuyuc, Juana Tipaz, María Toj, Hugo Benítez, Rolando Cabrera y Byron Morales, pero fueron invitados a utilizar las pequeñas oficinas del obispo en su ausencia. En la recepción a los medios y a la gente, Rigoberta recibió un regalo muy especial: el precioso huipil que llevaría el día que se anunció la concesión del Premio Nobel. Eso les hizo pensar en la vestimenta más adecuada en caso de que el galardón fuera finalmente otorgado. Un huipil nuevo precisa de mucho tiempo de confección y comprarlo no era factible porque los que se destinan a la venta no son los mejores, así que prefirieron tomarlo prestado e iniciaron una recolección de huipiles por diferentes lugares del país. Llegó mucha ropa cedida amablemente por mujeres que se sentían muy orgullosas de poder vestir a toda una Premio Nobel.

Posteriormente, planearon la manera de llegar a la capital si el reconocimiento finalmente se concedía. Por carretera se tardaban unas cuatro horas, de modo que lo más adecuado, rápido y seguro les pareció alquilar un helicóptero. Así, quedaba asegurado estar a primera hora de la mañana en la ciudad de Guatemala, puesto que el anuncio se haría de madrugada, hora local. El único problema era saber quién pagaría todo aquello si el Premio no era finalmente otorgado…

Todo este tiempo estuvieron acompañados de un equipo de periodistas, alguno de los cuales ya estuvieron con Rigoberta en 1988, el año de su detención, o en las conferencias del Quinto Centenario, dando difusión a los acontecimientos. La primicia sería para ellos.

Rigoberta dice que incluso durmió unas pocas horas antes de que la despertaran a las cuatro menos diez de la mañana: el embajador de Noruega en México estaba al teléfono. Se puso al aparato y escuchó que en pocos minutos se haría público en todo el mundo que el Premio Nobel de la Paz ya tenía un dueño: Rigoberta Menchú. El embajador quería ser el primero en felicitarla, pero también quería avisarla con antelación para que estuviera preparada. Completamente anonadada, sólo pudo reaccionar preguntando si era ésta una noticia oficial, a lo que el embajador respondió: *Soy el embajador de Noruega en México y como tal la estoy llamando para darle la noticia.* No lo podía creer, era verdad. Cuando colgó, la expectación era enorme. *¿Qué pasó?,* le preguntaron. Rigoberta dijo: *Bueno, tenemos el Premio Nobel.*

A mucha distancia de allí, el comité noruego encargado de otorgar el galardón subrayó *su trabajo a favor de la justicia social y la reconciliación entre los diferentes grupos étnicos, basada en el respeto por los derechos de los pueblos aborígenes.* El anuncio fue realizado en Oslo por el presidente del Comité, Francis Segerstad, quien destacó que Rigoberta Menchú representa hoy un poderoso símbolo por la paz y la justicia no solamente en su país, sino en todo el continente americano y en el mundo. Señaló asimismo que la propia Rigoberta había crecido en medio de la pobreza y en el seno de una familia que había experimentado de una forma brutal la persecución.

Al otro lado del Atlántico las lágrimas se desbordaron, las felicitaciones se sucedieron, nadie sabía muy bien qué hacer. En cuanto lanzaron un cohete, las explosiones se multiplicaron y las campanas comenzaron a tañer por toda la localidad. Fue la señal de que algo grande había sucedido. Pero justo en ese momento, Rigoberta, con 33 años, fue consciente de que no podía compartir aquel momento con sus padres. Sin embargo, Nicolás y su mujer sí estaban allí para acompañarla. Se abrazaron sin decir nada. Otras personas tuvieron bonitos detalles: Ángel García Seoane, el alcalde de Olera, un pueblo de España, le regaló una jarra con una placa grabada en honor a su nombre y a su Premio, confeccionada mucho antes de saber la buena noticia. Antes de salir en helicóptero, Rigoberta dio una pequeña conferencia de prensa en la que agradeció a todos su apoyo y tuvo un recuerdo especial para los que ya no estaban.

Pronto llegaron a la capital. Allí estaba Helen Mack, hermana de Mirna, a quien habían concedido el Premio Nobel alternativo en Suecia. También estaba el director del único periódico que pudo dar la noticia en los ejemplares del día. No todos los medios pararon las máquinas con la confianza de que un gran titular iba a llenar las primeras páginas; que éste lo hiciera conmovió a Rigoberta.

No le quedaban palabras para expresar todo lo que sentía, Rigoberta quería rendir un homenaje a todas las cosas importantes para ella: las personas queridas, la vida de las mujeres, la de los indígenas, la causa de los más pobres. Era hora de poner de manifiesto la lucha de todo un pueblo y, por qué no, de todo un continente.

La siguiente persona en enterarse personalmente por medio de Rigoberta fue Dora Mirón. Ella estaba trabajando en la oficina de México, fue una persona indispensable durante los últimos 15 años. Hablando por teléfono, con toda la prensa delante, ambas rompieron a llorar. Dorita se alegró de haber recibido el Premio, particularmente por no tener que buscar fondos para pagar el helicóptero que les llevó a la capital.

Después de aquello, Rigoberta y su equipo disponían de poco tiempo para organizar un gran acto en la capital. Se trataba de hacer una fiesta en la que todos los sectores estuvieran invitados. Sería una fiesta para la integración no exenta de dificultades, puesto que había que elaborar una lista que no excluyera a nadie y una distribución que no suscitara polémicas. Sería maravilloso ver a los representantes sindicales sentados al lado de los cargos del Gobierno, pero no parecía prudente. Lo mismo ocurría con el Ejército y los miembros de la guerrilla, sumidos en plena disputa interna. Otra gran dificultad se presentó a la hora de invitar al jefe de Estado, pues todavía no había hecho declaración pública alguna. Sería importante para las expectativas de unidad nacional que el presidente Serrano hiciera un gesto de concordia. Rigoberta se puso en contacto con el procurador de la nación para averiguar qué pensaba hacer el Presidente. Mientras se mantenía a la espera, apareció una caricatura de un prestigioso dibujante llamado Juan Manuel Chacón en el periódico del día. En ella se podía ver a Rigoberta con una paloma de la paz y al Presidente con una infección en el oído que le impedía enterarse del Premio Nobel. Momentos más tarde, el procurador volvió a ponerse en contacto con Rigoberta para excusarse por no poder asistir. Al parecer, una afección en el oído se lo impedía. El pronóstico del caricaturista no pudo ser más acertado.

Una vez organizada la recepción en el hotel de la capital, Rigoberta volvió a San Marcos en el mismo helicóptero. Era cerca del mediodía y la gente se había volcado a la calle. Iniciaron una breve gira por diferentes pueblos de la zona, como San Pedro Sacatapequez o Quetzaltenango. Especialmente emotiva fue la acogida en esta última ciudad, que ya había sido escenario de los encuentros continentales antes del Quinto Centenario y cuya fuerte carga simbólica ya comentamos con anterioridad.

Partieron por la tarde de regreso a la capital para llegar a la recepción. Allí estaba congregado todo el mundo, a excepción del Presidente y su esposa, como era de esperar. Ella llegó algo más tarde, cuando Rigoberta ya había leído su poema y dirigido unas breves palabras a los invitados. El auditorio estaba compuesto por personas de todas las clases sociales y representantes de todos los sectores del país. Sin duda, Rigoberta sentía que la esperanza de una convivencia pacífica era posible.

Más tarde, las celebraciones continuaron a nivel privado. Eran muchas las personas cercanas que no habían podido acudir al acto oficial y que querían estar cerca de Rigoberta en aquellos momentos. Las entrevistas se sucedieron hasta altas horas de la madrugada y el teléfono no paró de sonar. Al día siguiente había que madrugar para conducir la gran manifestación organizada tiempo antes de conocer el destino del Premio Nobel. El sitio de partida era Kaminal Juyú, el lugar de referencia histórico maya en el centro de la ciudad, un lugar con el que Rigoberta sueña como punto de encuentro entre indígenas y ladinos para construir una Guatemala más unida.

Las reacciones ante el gran acontecimiento fueron tan dispares como veremos a continuación. La primera ministra noruega, Gro Harlem Brundtland, celebró la elección con estas palabras: *Rigoberta Menchú ha batallado incansablemente durante años para llamar la atención del mundo sobre la situación de los Derechos Humanos en su país, así como por la justicia e igualdad para los indígenas.* En cambio, la respuesta del Gobierno guatemalteco, por boca del cónsul honorario de Guatemala en la capital noruega, Erik Klanderud, fue diametralmente opuesta. Los artículos de prensa recogen declaraciones de este tipo: *Los indios en Guatemala son pobres, pero felices.* Declaraciones en las que se aprovecha para recordar la intervención de Estados Unidos en Vietnam *para luchar contra el comunismo* y señalar que, a veces, era necesario *matar a los indígenas.*

Rigoberta entraba a formar parte de un club reservado para muy pocos. Especialmente, por su condición femenina, ya que en la historia de los Nobel tan sólo 12 mujeres han obtenido el Premio de la Paz. La primera fue la austriaca Bertha Sophie Felicita von Suttner, que en 1905 obtuvo reconocimiento por sus esfuerzos como presidenta de la Oficina Permanente para la Paz Internacional. La estadounidense Jane Addams fue distinguida en 1931 por un trabajo similar. Emily Greene Balch también recibió el galardón en 1946. Después, hubieron de pasar tres décadas, hasta 1976, para que Betty Williams y Mairead Corrigan fueran distinguidas por sus esfuerzos en Irlanda del Norte. Tres años más tarde, la Academia otorgó el galardón a Teresa de Calcuta, la ministra sueca Alva Myrdal resultó elegida en 1982 y en 1991 la ganadora fue la opositora al régimen de Birmania, Aung San Suu Kyi.

Las dos últimas premiadas han sido la estadounidense Jody Williams en 1997, por su labor como coordinadora de la campaña contra las minas antipersonales, y la iraní Shirin Ebadi, en 2003, a raíz de sus esfuerzos por la igualdad de las mujeres en los países árabes.

A partir de este momento se inauguraba una nueva etapa de esperanza para Rigoberta, tal como ha dejado reflejado en sus memorias:

> *Muchas cosas han cambiado para mí desde que recibí el Premio Nobel. Ojalá que sea para bien, que sea en beneficio de la causa humana, que sea para salvar el planeta y sea por cariño o porque finalmente me aceptan como parte de*

su comunidad. Y no sea simple y sencillamente porque así es el mundo y se requiere de un cierto diploma para ser importante sobre la Tierra. Pero yo no olvido que me debo a una cuna humilde, a un pueblo pobre, a unas mujeres con las manos callosas; me debo a unas sonrisas perdidas en la incertidumbre, me debo a un pueblo de profunda dignidad. Con ese pueblo he contraído deudas impagables. Me debo a ello no sólo en el tiempo pasado, sino en tiempo presente y futuro. Pienso que las cosas que yo digo les gustaría decirlas a millones de personas, pero no tienen la oportunidad de hacerlo. A ellos les consta su realidad y a mí me consta lo que he dicho. Soy testigo y, si no lo digo, seré cómplice de grandes injusticias.

La vuelta a Chimel

El esperanzador panorama que quedaba abierto después del Nobel no duró mucho. Los medios de comunicación, por ejemplo, que tanto apoyo habían demostrado en los meses anteriores a la concesión del Premio, comenzaron a atacar a Rigoberta cuando se movilizaba políticamente. No querían verla como una sindicalista que desprestigiara el Nobel. Rigoberta tiene un modo muy especial de tomarse estas cosas: acepta algunas de estas críticas con la firme convicción de que su papel es pasajero; de modo que, igual que la historia le tiene reservado un lugar en la memoria de los mayas, por un principio de equidad tiene que recibir una sanción de forma anticipada.

Pese a todo el clima de represión y violencia que todavía se respiraba, Rigoberta y sus colaboradores decidieron trasladar la sede de Fundación a Guatemala. Ése era su lugar natural, ciertamente, aunque los riesgos de la iniciativa no eran escasos. Se estaba acabando 1993 y poco a poco fueron regresando desde México. Dorita, una de las personas más cercanas a Rigoberta, llevaba ya 14 años fuera de su país. Tomar la decisión de volver, sobre todo contando con dos hijos criados fuera, tiene que ser difícil. Rigoberta regresó a mediados de 1994.

En esas fechas tenía lugar por vez primera el retorno de un grupo grande de refugiados. Procedentes también de México, recorrieron la Carretera Panamericana hasta alcanzar sus hogares. Cobraba un valor simbólico especial discurrir por aquella ruta, puesto que gran parte de la campaña de tierra arrasada se desarrolló a su alrededor durante la década de los 80.

Una vez establecida en Guatemala, Rigoberta sintió la melancolía de los amigos dejados atrás, de los lugares donde se comportara como se comportara, seguía siendo ella misma. Aquí, sin embargo, podía pasar de ser un ejemplo nacional a convertirse en una adversaria del país, según el momento o el lugar. Tuvo miedo de volver a sentirse vigilada, del peligro que podía correr su vida y la de los más queridos, pero sobre todo sintió que echaba de menos su pequeña aldea. Echaba de menos Chimel.

Volver a la aldea donde nació significaba también enfrentarse al recuerdo de sucesos horribles: cementerios clandestinos, odios entre vecinos, litigios por la tierra… la vuelta a un clima de violencia, en fin. Por otra parte, también en Chimel estaba el germen de una fuerza revolucionaria y de una conciencia democrática, además de toda su infancia, los recuerdos familiares y las personas queridas, así que no todo era malo.

Con el apoyo de su marido Ángel, Rigoberta regresó a la aldea, con la sensación de que todo había cambiado. De repente, las cosas parecían más pequeñas, los ríos se habían secado y parte del cerro había sido talado. La diminuta población fue rebautizada con el nombre de Laj Chimel, pequeño Chimel. Un recóndito lugar que albergaba recuerdos y sorpresas, pero también 24 familias viviendo en la más absoluta miseria. De nuevo aparecían los niños desnutridos, en la cuna de toda una Premio Nobel, lo que hacía más sangrante tanta pobreza.

Desde ese momento, Rigoberta se interesó todavía más por lo ocurrido con las familias de Chimel. Supo que la mayoría de los habitantes del pueblo habían muerto, muchos de ellos en ese mismo lugar. Supo también que las autoridades se apropiaron de toda la tierra que pertenecía a los fallecidos. El Ejército, los gobernantes locales y el INTA se encargaron de hacer un nuevo reparto, falsificando documentos de compraventa con la firma de los fallecidos.

Se daban situaciones extremadamente paradójicas, como ésta que cuenta Rigoberta en su autobiografía. Según algunos certificados obtenidos, su abuelo Nicolás Tum había participado en una operación comercial en la que cedía parte del centro urbano de Chimel a un tal Reginaldo Gamarra a la magnífica edad de 130 años. Además, como en el documento se explicita que Nicolás no sabía leer ni escribir, la prueba de la transacción consistía en una huella digital imposible de contrastar, ya que el abuelo estaba muerto desde muchos años atrás. Cuando Rigoberta comenzó a investigar, encontró que situaciones parecidas habían ocurrido con otras familias de Chimel, motivo por el cual se dispuso a buscar el acta de defunción en el Registro de todas estas personas para demostrar que no podían haber formalizado documentos si estaban muertas. Su sorpresa fue mayúscula al comprobar que alguien había hecho desaparecer toda prueba escrita de los registros.

La situación en Chimel era, por tanto, muy similar a la que había cuando Rigoberta abandonó su hogar. Sus habitantes vivían atemorizados por la presencia de un terrateniente que se había apoderado injustamente de su escasa riqueza. En ese momento, toda la familia se comprometió a recuperar la tierra de sus antepasados y de su memoria.

Uno de los recuerdos más vívidos que compartía la familia Menchú era el de un árbol del que obtenían fruta. Era un gran ejemplar de cuxín, con el que frecuentemente soñaba Rigoberta. Cuando fueron a buscarlo no encontraron ni rastro de él. Según les contó su hermano Nicolás, el árbol murió a causa de la gran cantidad de sangre derramada por la gente ahorcada y fusilada. El árbol se secó y terminó pudriéndose hasta desaparecer por completo.

A medida que iban conociendo más cosas de los últimos años de Chimel, la familia de Rigoberta se iba sintiendo más apesadumbrada. No dejaban de encontrar huesos humanos entre la tierra y las piedras del lugar. Nadie sabe qué cosas habrían ocurrido en ese sitio y pocas personas habían quedado vivas para contarlas. Laj Chimel se había convertido en un lugar fantasmal. Hasta siete grupos de personas habían pasado por aquellas tierras y habían abandonado el pueblo. Muchas vacas murieron y las bandas de perros engordaron comiéndose los restos de hombres y animales, por eso se encontraban tantos huesos esparcidos. Contaba el hermano de Rigoberta que a base de alimentarse de carne humana los perritos nacían con aspecto de personas. Leyenda o no, él tuvo que matarlos porque le recordaban miradas de vecinos y amigos.

No tardaron en marcharse de allí. Rigoberta estuvo varios días enferma después de la visita, tal vez a causa del impacto psicológico. En breve espacio de tiempo, los periódicos dieron cuenta de aquel viaje y el Gobierno concedió ayudas al territorio. El hecho de que trascendiera la noticia provocó que, de algún modo, las administraciones se avergonzaran de que el lugar de origen de una Premio Nobel continuara siendo un lugar miserable.

No fue esa la única ocasión en la que visitó Chimel. Pese a todo el horror vivido allí, Rigoberta conservaba muy buenos recuerdos del paraíso natural que para ella suponía ese lugar, además de mucha gente querida. En 1995 fue a pasar unos días con sus suegros a San Pedro Jocopilas, un pueblo cercano. Las comunidades de San Pablo, El Caracol, Laguna Danta y El Rosario también eran comunidades vecinas y amigas. El día de Navidad se acercó a Chimel y compartió la fiesta con la pequeña comunidad. Como antaño, quemaron pom, cohetes, se reunieron en asamblea y compartieron el frío de aquellas fechas en una champa creada para ellos. El quetzal, el pájaro que ama la libertad, la seguridad y la paz, llevaba tiempo desaparecido del lugar, pero ahora había vuelto. Rigoberta sentía de nuevo que la tierra les pertenecía.

El reencuentro de la familia

Efectivamente, con el tiempo, Rigoberta recuperó la sensación de pertenencia y tuvo familia. Los años de lucha por el movimiento indígena no lograron acabar con el sentido de comunidad y de familia que había vivido desde siempre, tan sólo postergaron el momento. Parecen superadas esas palabras que dejó Rigoberta en una de sus estancias en Ginebra: *No, yo no tendré hijos. Para poder tener hijos hemos de cambiar antes muchas cosas.* Quizá habían empezado a cambiar las cosas. Rigoberta adoptó un niño, Mash Nawalja', cuyo significado es Tomás Espíritu de Agua. Al poco tiempo se casó con Ángel, un compañero quiché de su grupo exiliado en México como ella, tan sólo tres años después de recibir el Nobel.

El marido de Rigoberta, Ángel Francisco Canil, tenía 15 hermanos, aunque sólo 12 lograron sobrevivir. El Ejército y las enfermedades acabaron con los otros tres. El reencuentro con su hermano Nicolás y sus hermanas y cuñados llenaba a Rigoberta de emoción. Ella misma explica que un lazo espiritual los mantuvo unidos todo este tiempo, mientras unos eran perseguidos y escapaban de la muerte. Con tanta gente en la familia es fácil imaginarse la gran cantidad de niños que rodeaban a Rigoberta en unas reuniones en las que ella era feliz. Una felicidad que procede, principalmente, de la recuperación, en parte, del espíritu de su pequeña aldea, Chimel. Después de los años de exilio, de la convivencia con los más pobres, de una vida casi nómada, el hecho de poder reconstruir algo propio es todo un regalo para nuestra protagonista.

Por esas fechas se estaba preparando la boda de Regina, la hija de su hermano Víctor, que murió ejecutado en 1983. María, la madre de Regina, había sido degollada tres años antes y quedó huérfana. Otros dos hijos de la pareja también murieron, pero Regina logró sobrevivir en casa de la hermana de Rigoberta, por eso había sido siempre tan apreciada por esta familia, por las penurias que tuvo que soportar. En una boda normal son los padres los que entregan a la muchacha, en este caso serían Rigoberta y sus hermanos los encargados de hacerlo.

Los preparativos para la gran boda se sucedían. Rigoberta quería hacer una bonita fiesta para su sobrina querida, pero no todo iban a ser buenas noticias. La amplia familia de Rigoberta comenzó a llegar: hermanos, primos, sobrinos, nietos y muchos niños se acercaron a la pequeña aldea que pretendían que volviera a ser como Chimel. Una de las visitantes era Cristina, una sobrina de Rigoberta, hija de su hermano mayor, que traía un pequeño: el primer nieto de la familia. Su marido, en cambio, no había podido acudir.

La boda se iba a celebrar a escasos kilómetros del centro de la capital, así que todos salieron temprano. Sin embargo, Cristina dijo que debía ir a hacer unos encargos a la capital y que acudiría a la boda más tarde. Cuando la mayoría de los invitados estaban presentes, personal de la Fundación de Rigoberta incluido, llegó la mala noticia. El hijo de Cristina, Pablito, había sido secuestrado.

Rigoberta había estado temiendo ese momento desde que regresó del exilio. El hecho de que el primer hijo de la primera hija del hermano mayor hubiera sido secuestrado, además en un momento tan sensible como la boda de la hija de un hermano fusilado, era un golpe directo a la estabilidad de la familia. De hecho, Rigoberta pensaba en su pequeño hijo Mash Nawalja', tan similar a Pablito, y que todo hubiera sido una equivocación. Tal vez se habían confundido y en realidad el Ejército iba a por él para impedir que su madre siguiera exigiendo una pena de cárcel máxima a los instigadores de la masacre de Xamán, que había acontecido tan sólo un mes antes. Era el año 1995, las elecciones se celebrarían al mes siguiente, y las masacres y los secuestros continuos no hacían sino ensombrecer la atmósfera política. De este modo, el conflicto se extendía a niveles de guerra psicológica, para crear un clima de inestabilidad que acabara con la campaña de participación ciudadana que habían emprendido Rigoberta y sus colaboradores.

Rigoberta y su familia decidieron llamar a las autoridades y a los medios de comunicación para dar cuenta del asunto. La noticia de un secuestro es muy dura. Rigoberta dice que cuando se conoce la muerte de alguien se siente el dolor de la pérdida, pero se acaba asumiendo. En cambio, a la hora de enfrentarse a un secuestro, sobre todo si es el de un niño, sólo cabe la impotencia, el sufrimiento constante, la incertidumbre… Como asegura Adriana, una de las mujeres cuyo testimonio han recogido los informes sobre la represión: *La desaparición es la forma más perfeccionada de tortura. Si te sacan los ojos, sabes que eso se terminará. Pero el dolor de una desaparición nunca tendrá fin.* Éste es, simplemente, el caso número 87 en medio de una maraña de 5.000 folios.

A todo esto se unió la acusación de Miguel, el padre de la criatura. Según él, la culpa era de Rigoberta, por su presente político, por haber implicado a las autoridades y por haber dado publicidad al asunto. Sin embargo, renunció a hacerse cargo de la investigación y de la intermediación. No quiso saber nada. Rigoberta se dirigió a las embajadas, a los organismos, a cualquier lugar donde le pudieran dar otra opinión acerca del secuestro. Entretanto, su marido se quedó vigilando el teléfono por lo que pudiera suceder. Habían decidido ya tiempo atrás, que si un secuestrador pedía un rescate le responderían con una negativa, puesto que todos tenían la convicción de que una vida humana no se compra con dinero. Era una cuestión de dignidad que, en general, todos tenían muy asumida. Por otra parte, Rigoberta percibía el extraño comportamiento de Miguel. Las dudas empezaron a aflorar. Esa misma noche los secuestradores llamaron a casa y explicaron que el niño estaba vivo, pero que la policía se encontraba demasiado cerca; apenas mencionaron el dinero, tan sólo las investigaciones: el fin era claramente político. Tantos años de denuncias y de desconfianza en las autoridades y ahora tenían que trabajar en colaboración. Las elecciones se acercaban y Rigoberta no podía ofrecer su ayuda ni para la campaña de participación, ni para exigir que hubiera traductores y observadores en las mesas; estaba completamente volcada en la gestión del secuestro.

La situación se resolvió en cuestión de poco tiempo. Un buen día, Cristina desapareció. Decía haber regresado a casa de sus hermanos para no tener que soportar la presión. Rigoberta nunca comprendió esto; una madre nunca deja el caso de la desaparición de su hijo en manos de otros. Sin embargo, ante la sorpresa general, apareció al día siguiente con el pequeño después de encontrarle en la casa de la abuela paterna, la cual había recogido al niño en Santa Cruz del Quiché. En la llamada de esa noche resonó la voz de los secuestradores; decían haber devuelto al niño porque se habían equivocado de criatura.

La investigación demostró que el crío nunca había salido de casa de la abuela. Se encontraba en perfecto estado, pese a llevar la misma ropa que el día del secuestro. Los dos padres, Cristina y Miguel, fueron entregados a la policía y la abuela confesó su participación. A pesar de la condena, la madre salió pronto de la cárcel tras pagar una elevada fianza que nunca hubiera podido afrontar una familia tan pobre como la suya. Sus cuatro abogados facilitaron los trámites. El padre, en cambio, tuvo que cumplir dos años de cárcel pese a que ocultos siempre los nombres de los colaboradores e instigadores del plan.

Rigoberta estaba aprendiendo en carne propia el dolor que tantas madres habían sentido durante muchos años de injusticias. El plan, sin duda, había dado resultado. La capacidad de desgaste físico y emocional de una situación de estas características debió de ser enorme. No obstante, Rigoberta era capaz de sacar una lección de aprendizaje, tras vivir de cerca el sufrimiento de las miles de familias que habían pasado por la desaparición de un niño durante días. De algún modo, eso la mantenía cerca de la tierra y de la piel de las personas.

Después del secuestro de su sobrino, a Rigoberta le pareció buena idea organizar una reunión de cohesión de la familia en Chimel. Habían permanecido juntos durante aquellos terribles días y ahora volverían a unir fuerzas en el pueblo que los vio nacer.

La situación en Chimel no había mejorado mucho. Los caminos seguían siendo casi intransitables y ningún vehículo llegaba hasta la aldea. Las personas continuaban cargando en sus espaldas o en los caballos la mercancía que iban a vender o a comprar a Uspantán. Rigoberta fue allí a impulsar una cooperativa que mejorara sus condiciones de vida. Creía en el poder de toda esa gente para cambiar su sociedad, por lo menos la pequeña sociedad que los rodeaba. Desde su Fundación, Rigoberta apoyaba las iniciativas grupales, el trabajo en equipo de las comunidades. Lejos de esperar que el Gobierno les diera nada, la esperanza de Rigoberta era facilitar la participación activa de su pueblo. El hecho de quedarse simplemente a esperar ayudas le parecía un atraso, un concepto de colaboración superado. Los indígenas no debían depender de la ayuda de los ladinos, sino reclamar autonomía. De ahí que en las campañas electorales, la Fundación de Rigoberta nunca se alineara con uno u otro candidato. Su postura era independiente, reclamaba un modelo económico más justo, una sociedad más equilibrada, no el apoyo a algún partido en concreto. Otra cosa no hubiera hecho honor a su reciente condición de Premio Nobel.

Las aduanas

Rigoberta dice que vive cruzando fronteras. Y es verdad, no sólo en sentido figurado, por trabajar rompiendo los límites de la sociedad que le ha tocado vivir, sino también en sentido literal, por pasar gran parte de su tiempo tomando aviones y atravesando controles aduaneros. Es en estos lugares donde siente un amor especial hacia su patria. Guatemala está llena de problemas y ella es la primera en denunciarlos, pero eso no impide que el hecho de tener un hogar le haga ansiar un pronto regreso a casa en cada uno de sus viajes.

En las aduanas sucede que Rigoberta siente más que en ningún otro sitio su condición de indígena. Sabe que su cara morena y sus rasgos mayas la acompañan siempre, especialmente en los controles, cuando las preguntas, los registros y las suspicacias acuden masivamente para señalar que parece una inmigrante ilegal.

Cuenta Rigoberta una anécdota que le ocurrió a su hermano Nicolás cuando fue a visitarla a México. En el control del aeropuerto de la capital le pidieron los papeles. Él iba vestido como un campesino, con su sombrero y su mochila; llevaba algo de chile, pepitoria y achiote, un fruto típico del que se obtiene un colorante rojo. Llevaba también toda la confianza que le daba ir a visitar a su hermana, una mujer de reconocido prestigio en México. Los agentes le preguntaron la razón del viaje y él contestó que simplemente venía a pasear, que estaba de visita. Le interrogaron por su dinero y él respondió, aguantándose la risa, que no tenía cuenta en ningún banco. Probablemente, ni siquiera habría visitado ninguno en su vida. Cuando inspeccionaron el contenido de su equipaje el achiote les pareció sospechoso y no le dejaron pasar. En otro control respondió a las mismas preguntas, encontrándose siempre una nueva negativa. Cuando el jefe de la sección quiso saber a quién iba a ver, Nicolás le respondió que a Rigoberta Menchú. Al principio no le creyeron, pero luego le explicaron que no habría ningún problema si eso era verdad. Rigoberta era una mujer muy querida en aquel país. Sencillamente, tenía que haberlo dicho antes.

A Rigoberta esto le ha sucedido en multitud de ocasiones, y es que la fama abre muchas puertas. El contraste se hace evidente en las recepciones internacionales o en las conferencias, en las que, aunque sigue siendo la misma persona, los diplomas hacen que el trato sea totalmente diferente. Así expresa estas sensaciones nuestro personaje: *Ser indígena es como si fueras automáticamente un sospechoso. Lo llevamos en el fondo del alma cuando estamos ante una autoridad. Yo lo he sentido como si fuera un gran pecado y una gran dificultad y como si uno se preparara a enfrentar situaciones duras, sólo por el hecho de ser indígena.*

El racismo se palpa en el ambiente de los controles porque los agentes tienen una formación que los condiciona para comportarse así con los indígenas, como si fueran sospechosos. Las maletas deshechas, la falta de paciencia y de educación, las miradas de desconfianza son aprovechadas por Rigoberta para educar a las personas. Mientras se somete a los interrogatorios y a los registros habla del exceso de agresividad en las relaciones humanas y de la justicia. Alguien no debe ser tratado como si fuera un delincuente peligroso tan sólo por su aspecto y, por este motivo, se ha enfrentado decenas de veces con las autoridades de medio mundo. Rigoberta ya no se siente intimidada en un control y es capaz de discutir sobre estas cuestiones con cualquier persona. Después, al final de todo el proceso, muestra los documentos que la acreditan como Premio Nobel de la Paz y como presidenta de varias organizaciones que luchan por los Derechos Humanos. En ese momento suele ganarse el respeto de los agentes. Muchas veces guarda la esperanza de que los valores de su antigua cultura ocupen otro lugar en sus corazones.

La masacre de Xamán

Antes mencionamos la masacre de Xamán, pero no explicamos cómo sucedió. Fue éste un acontecimiento muy relevante en la vida de Rigoberta, ya que significó una vuelta a los peores recuerdos del pasado y además tocaba muy de cerca a personas que ocupaban su corazón.

Cuando la campaña de tierra arrasada parecía haber tocado a su fin, una terrible noticia dio la vuelta al mundo. Rigoberta se encontraba en una gira por Estados Unidos durante octubre de 1995 el día que se enteró que una patrulla militar del Ejército de Guatemala había tiroteado a la comunidad de Xamán cuando se estaba preparando para celebrar una fiesta. Más de diez muertos y más de 25 heridos fueron las cifras del horrible suceso. La represión contra las personas más humildes volvía a estar en primera línea.

Rigoberta conocía personalmente a mucha de la gente de Xamán. Los recordaba de su etapa en el exilio mexicano. Habían llegado caminando durante semanas por las montañas huyendo del horror y la muerte. Uno de sus líderes era Juan Coc, de quien precisamente habían estado hablando en un descanso entre conferencia y conferencia. Este hombre, de origen kekchi, destacaba por su tremenda espiritualidad y se había quedado grabado en la memoria de Rigoberta desde entonces. De hecho, uno de los firmantes de los acuerdos de retorno de los refugiados fue él. Parecía que su regreso con seguridad a Guatemala quedaba garantizado. Tras la campaña de tierra arrasada hubo que buscar una finca para estas personas y, en negociaciones con el Gobierno, se decidió volver a la finca Xamán, en Alta Verapaz. La Fundación de Rigoberta participó en la reconstrucción de la zona en colaboración con asociaciones como Médicos del Mundo de España, hasta convertirla en una tierra fértil y segura. Por todos estos motivos la noticia de la mantanza cayó como un mazazo en el ánimo de Rigoberta. También demuestra que su interés por la tragedia no nace a raíz de la noticia, sino que procede de mucho tiempo atrás.

Nadie se explicaba las razones de aquella tragedia. La región había dejado de ser zona de conflicto hacía unos diez años y desde la llegada de la comunidad a las tierras no se habían producido enfrentamientos. Una de las pocas desgracias sucedidas fue la muerte de Juan Coc que, pese a lo avanzado de su leucemia, consiguió aguantar hasta que su pueblo se estableció. Fue el primero en ser enterrado en la nueva tierra. Aparte de eso, sólo una gran tormenta que arrastró los tejados del poblado dificultó la vida allí. Por lo demás, el retorno había sido modélico. Se estaba planificando el día de su primer aniversario anual, la fiesta que tendría lugar demostraba un ejemplo de convivencia pacífica y de buena adaptación. El eufónico nombre con el que habían bautizado a la finca de Xamán, Aurora 8 de octubre, homenajeaba la fecha del retorno de los refugiados y empezaba a ser conocido por las comunidades de la zona, muchas de las cuales acudían allí a recibir asistencia médica.

Sólo unas jornadas antes de aquel día festivo, el 5 de octubre de 1995, los niños que salían de la escuela vieron a los primeros soldados. Nunca antes se había detectado su presencia y se extendió la preocupación. El hecho de penetrar sin permiso en la finca privada suponía una violación a los acuerdos firmados en el año 1992. Los líderes de la comunidad se reunieron con los soldados en el centro del pueblo y algunas personas tomaron fotos del acontecimiento. En ellas puede verse, nos cuenta Rigoberta Menchú, que tanto los vecinos como los soldados, la mayoría de ellos muy jóvenes, eran indígenas, eran hermanos. También se ven las armas empleadas por la milicia contra una población civil asustada, que seguramente no pensaba que estaba ante sus crueles verdugos. Las razones dadas por la patrulla para justificar su presencia allí era que habían sido invitados a participar en la fiesta. La comunidad les pidió que abandonaran inmediatamente la población, aunque hubo quien fue más allá y les exigió que depusieran las armas y esperaran a la llegada de observadores de las Naciones Unidas que pudieran atestiguar aquella incursión ilegal. Algunos testigos han relatado que el subteniente al mando se comunicó por radio y mandó iniciar el ataque. De nuevo, las escenas relatadas por Rigoberta a partir de las investigaciones que emprendió su Fundación son escalofriantes, por lo que dejamos que sean sus palabras las que lo describan:

> *Empezó la matanza. Los soldados comenzaron a disparar sus fusiles en todas direcciones. Las primeras en caer muertas fueron las mujeres que estaban protestando frente a los militares. Pedro Medina, un joven y querido dirigente, cayó herido y fue rematado en el suelo cuando trataba de incorporarse. La niñita Maurilia Coc Max, de apenas siete años de edad, fue asesinada por la espalda mientras corría hacia donde desesperadamente la llamaba su padre para que se pusiera a salvo. En medio de gritos de angustia y terror se escuchó la explosión de dos granadas. Tres soldados que quedaron en medio de la gente que huía del pánico fueron heridos en las piernas por los disparos de los soldados que estaban más alejados. A los soldados no les importó la suerte de sus propios compañeros que se quedaron perdidos entre la multitud. Imágenes terribles de mujeres corriendo bajo las balas, con un hijo recién nacido amarrado a la espalda y arrastrando de las manitas a otros dos*

niños pequeños. Todos corrían de un lado a otro buscando salvar la vida. Fernando Chop, un joven maestro de diecisiete años —muy querido porque desde los catorce años comenzó a cumplir su vocación de educador—, recibió tiros en la espalda cuando corría y casi se había puesto a salvo. Varios de los heridos fueron rematados en el suelo en los momentos en que Lacán Chaclán [el jefe de la patrulla] *comenzó a dar gritos de retirada. Parecía que no era la primera vez que les tocaba rematar a alguien en agonía.*

La mayoría de los heridos trataron de refugiarse en sus casas. Algunos de los más graves se arrastraban hacia la clínica de Médicos del Mundo en busca de auxilio. Rosenda, gravemente herida en un pie y con esquirlas incrustadas en las piernas, logró salvar la cámara con las valiosas fotografías. Alguien vio el reloj: pasaban diez minutos de las dos de la tarde de un día terrible. Una nueva pesadilla de sangre, una nueva herida en la memoria de un pueblo maya. Los soldados corrían desordenadamente disparando sobre las casas que encontraban a su paso. Bastante lejos del lugar de la masacre, uno de los grupos de militares que se retiraba se encontró con Santiago Tut Pop, un niño q'eqchi' de apenas ocho años de edad. Santiaguito estaba jugando a pescar en un pequeño arroyo y traía una vara y un hilo en la mano. Al ver a los soldados corrió por el camino hacia su casa. Un primer disparo le desgajó la mano y el antebrazo, pero siguió corriendo mientras gritaba de dolor y llamaba a su mamá; un segundo disparo le penetró por la espalda y otro le destrozó la cabeza. Santiago cayó muerto a la orilla del camino. A su lado quedó la varita de pescador de ilusiones. Una y otra vez los sobrevivientes y los testigos me han relatado con profundo dolor lo ocurrido; una y otra vez he visto y oído los llantos de la comunidad y las víctimas.

Ocho cadáveres quedaron tirados en el lugar de la masacre. Maurilia murió en la clínica de la comunidad donde trataron desesperadamente de salvarle la vida. El cuerpecito de Santiago, lejos, a la orilla del camino. Fernando Chop, el niño maestro, murió al día siguiente en un hospital al que fue trasladado. El saldo terrible de aquella infamia: 11 muertos y 26 heridos en aquel jueves 5 de octubre que amaneció con la alegría de los preparativos para la gran fiesta. Como dos horas y media más tarde empezaron a llegar uno tras otro los helicópteros y la imagen de dolor de nuestra gente dio la vuelta al mundo.

Después del testimonio desgarrador de Rigoberta, podemos imaginar la versión oficial de los hechos. El Gobierno, a través de su ministro de Defensa, el general Mario Enríquez, defendió esa misma noche que la patrulla había sido atacada por la población civil de Xamán. A esa misma hora, los helicópteros estaban trasladando a los presuntos agresores, heridos de muerte, a los hospitales de la capital. Eran acusados de cargar contra la tropa y de arrebatarles sus armas, con el nefasto resultado conocido, consecuencia sencillamente de no haber sabido utilizarlas. Evidentemente, estas declaraciones sólo sirvieron para encender todavía más a la opinión pública.

Tras conocer los terribles acontecimientos, Rigoberta canceló inmediatamente su gira por Estados Unidos y se dirigió a Guatemala. El director de la Fundación, Gustavo, fue enviado a la zona para prestar todo el apoyo posible a la población de Xamán. Cuando llegó allí comprobó con sus propios ojos que los cuerpos seguían en los mismos sitios donde habían perdido la vida. Comenzaron a llegar los agentes del Gobierno y, bajo el mando del fiscal y del juez de paz de la zona, iniciaron las labores forenses y criminalísticas. La recogida de las pruebas se hacía sin ningún rigor y la población contaminaba el escenario sin que a los agentes pareciera importarles lo más mínimo. Pronto supieron el nombre de aquel fiscal: Alcides, el mismo juez que ordenó la detención de Rigoberta a su regreso de México en 1988.

La Premio Nobel aceptó el ofrecimiento del pueblo de Xamán de representarles personalmente en el proceso como parte de la acusación ante aquella masacre. Se encargó de informar a la prensa de que perseguirían a los autores materiales e intelectuales hasta conseguir un castigo legal. Pese a aquel ambiente de tristeza y abatimiento, la comunidad indígena decidió, en una prueba de fortaleza vital impresionante, mantener la celebración de la fiesta programada. Era un grito que dejaba claro que en un mundo tan hostil, la mejor disidencia era la alegría. Los bautizos se celebraron junto a los ataúdes de los muertos y las muestras de dolor se mezclaron con gestos de agradecimiento en un contraste desgarrador. En aquel momento, la adhesión de Rigoberta a la causa de esa comunidad quedó garantizada para siempre.

Los riesgos de presentarse como acusación particular en este proceso eran enormes, teniendo en cuenta los antecedentes de Rigoberta con la justicia, la corrupción reinante en el sistema y que quienes se sentaban en el banquillo eran nada menos que integrantes del Ejército. No obstante, la determinación de nuestra protagonista era más grande todavía. Quizá este haya podido ser uno de los puntos iniciales de una larga carrera emprendida por los sinuosos caminos de la justicia y la administración. La lucha contra la impunidad tiene muchos frentes, pero ahora tocaba explorar los legales. Todos los avances que se consiguieran en Guatemala en este sentido reforzarían la democracia y el Estado de Derecho.

Durante más de dos años, Rigoberta y sus colaboradores plantaron cara a todas las trampas legales que el Ejército y el Gobierno ponían en marcha. Lucharon contra el Fuero Militar, auténtico paraguas de impunidad que les protegía de los delitos cometidos; se enfrentaron a la corrupción y la influencia de los poderosos, dejando en evidencia que la justicia se vendía al mejor postor. Ante todas estas dificultades, reunieron pruebas mediante investigaciones propias, contrataron a técnicos independientes y pagaron de su bolsillo los elevados gastos de un proceso tan largo y complicado. Rigoberta agradece en sus memorias la colaboración de los jueces y los fiscales del ministerio que no se dejaron arrastrar por la corriente de corrupción, a pesar de las amenazas recibidas. En este período nació la Alianza Contra la Impunidad, un organismo cuyo cometido ha sido prestar apoyo a este tipo de iniciativas. Mientras tanto, la comunidad de Xamán no olvida a sus muertos y ha construido una escuela en el lugar de los atentados, donde los muchachos estudian y rinden homenaje a los desaparecidos.

Los logros obtenidos en estos años han sido muchos y variados: consiguieron que no fuera un tribunal militar, sino civil, quien se hiciera cargo del proceso, lograron sustituir a uno de los jueces implicados en la causa por corrupción, si bien no hubo castigo legal y, sobre todo, demostraron en la lucha diaria, que era posible anular multitud de artimañas legales que los abogados habían empleado desde hacía muchos años para proteger al poderoso. Gran parte de este éxito se debe a María Estela López, que se encargó de dirigir la acusación particular, y a Eduardo Salerno, que tuvo una implicación directa con todo lo sucedido.

En agosto de 1998, por primera vez en la historia de Guatemala, el fiscal pidió la pena máxima para los 25 militares acusados. Sin embargo, en una nueva demostración de inoperancia judicial, sólo se lograron obtener penas de cuatro y cinco años de prisión que, para más agravio, podían sustituirse por una multa cuyo importe resulta ridículo: cinco quetzales al día, algo así como 0,60 euros. La sentencia absolvió a los acusados de los cargos de ejecución extrajudicial y los condenó por el mucho más leve delito de homicidio culposo, algo equivalente a tener un accidente de tráfico con el resultado de una persona muerta. El comunicado subsiguiente emitido por la Fundación de Rigoberta fue claro: *Con el fallo emitido por el Tribunal de Sentencia se ha consumado la farsa jurídica que significa un serio retroceso en el proceso de democratización, la construcción de la paz y la reconciliación.* Los autores intelectuales de la masacre todavía no han sido condenados, lo cual provocó que Rigoberta, entre otros, empezara a buscar soluciones a nivel internacional.

VIII. ACUERDOS DE PAZ Y JUSTICIA INTERNACIONAL

En 1996 se cumplieron 36 años de conflicto armado en Guatemala. Por diferentes motivos, algunos de los cuales hemos podido conocer en el texto, la violencia ha sacudido, en diferentes grados de intensidad, la vida en el país. Sin embargo, gracias al trabajo de las Naciones Unidas y al de los actores sociales que intervinieron en el proceso, el 29 de diciembre del año señalado, el Gobierno de Guatemala, de la mano de su presidente conservador, Álvaro Arzú Irigoyen, de ascendencia vasca, y la guerrilla izquierdista representada por la Unidad Revolucionaria Nacional Guatemalteca (URNG) firmaron el Acuerdo de paz firme y duradera. En él se recogen los pactos relativos a los Derechos Humanos, la cuestión indígena, los problemas sociales y económicos, la justicia acerca de los crímenes cometidos en los últimos años y la integración en la sociedad civil de las partes en conflicto, es decir, las bases de una sociedad democrática.

Sin embargo, todavía hoy siguen llegando noticias de graves violaciones de los Derechos Humanos en Guatemala y de los grandes problemas que atraviesa el poder judicial para impartir justicia. La cuestión sigue abierta, ya que la lucha armada ha sido reemplazada por las actividades delictivas de quienes tenían las armas, convertidos ahora en secuestradores y delincuentes. Son jefes militares los que controlan la cocaína en las tierras altas del Quiché. Existen zonas peligrosas, según la prensa, que abarcan el centro de la capital, la prestigiosa Antigua y sus volcanes, los alrededores del lago Atitlán, el sitio maya de Quiriguá y los del Petén. De hecho, a finales de la década de los 90 los Gobiernos de los países anglosajones desaconsejaron a sus ciudadanos visitar el país. La guerra ha terminado y aunque regresa la esperanza, la violencia persiste disfrazada de otras formas, alimentándose de las causas que la originaron.

Un suceso especialmente grave fue el sucedido en abril de 1998, cuando el obispo auxiliar de Guatemala, Juan Gerardi, de 72 años, fue asesinado de una paliza en su casa parroquial situada muy cerca del Palacio Nacional, a los dos días de que la iglesia publicara un documento acerca del verdadero holocausto de una guerra que afectó directamente a más de un millón de ciudadanos, una décima parte de la población. Dos días antes de perder la vida había confesado que la arriesgaba con gusto en defensa de la memoria histórica de Guatemala. El asesinato recuerda el disparo recibido por el arzobispo de El Salvador, Óscar Romero, 18 años atrás, mientras celebraba la misa.

El informe revelaba la participación del Ejército, con nombres y apellidos, en operaciones antiguerrilleras en las que masacraba poblaciones enteras para capturar a un insurgente del URGN. Los criminales le destrozaron la cabeza con un adoquín hasta quedar irreconocible. Más de un año después de que la Comisión de Esclarecimiento Histórico diera comienzo a su labor, el ataque contra el monseñor demuestra las dificultades que atraviesa el proceso de denuncia. Ante estos hechos, Rigoberta declaró lo siguiente:

> *Fue asesinado por los escuadrones de la muerte que intentan terminar con el proceso de paz. Nuestro querido obispo, que también sufrió la amenaza, la intimidación, el exilio y nunca defraudó al pueblo de Guatemala porque siempre luchó por los Derechos Humanos. Me encuentro llena de dolor y también de cólera e indignación por este asesinato político. Tememos por nuestras vidas porque hay asesinos sueltos, pero no nos vamos a asustar. Temo ser la próxima víctima.*

Ante semejante panorama, la solución política y social no parece residir exclusivamente en cuestiones como mantener la actual tregua o continuar con las elecciones. Si bien ambas son condiciones necesarias, lo verdaderamente importante es acabar definitivamente con la subordinación de las poblaciones indígenas y conseguir un esclarecimiento real de lo sucedido en los últimos años. En cuanto a lo económico, tampoco es una solución definitiva la ayuda recibida para la reconstrucción de Guatemala, que asciende a más de 1.800 millones de dólares, puesto que son dos los principales problemas financieros del país. Por un lado, el problema de la distribución de la tierra: nueve décimas partes del total están en manos del 2 % de la población; por otro, el gravísimo problema fiscal. En definitiva, no hay suficientes indicios de que exista voluntad política de emprender eficazmente esa integración. Cierto halo de pesimismo se cierne sobre un país que siempre se caracterizó por las riñas internas, con la excepción de un período a finales del siglo XIX en el que un personaje añejo que parecía sacado de una leyenda, el presidente guatemalteco, Justo Rufino Barrios, persiguió hacer de Centroamérica un solo país. Su esperanza murió con él en El Salvador defendiendo su quimera internacional.

En junio de 1998, poco tiempo después del asesinato de monseñor Gerardi, Rigoberta declaró en una entrevista que era *como si la muerte nos rodeara últimamente*. Se cumplían también pocas semanas de la muerte de su bebé y de su cuñada, ambos por causas naturales. *¡Qué ingrato!,* alcanza a decir, sin perder el optimismo ni la sonrisa. Prueba de ello, es que justo ese mismo mes recibió el Premio Príncipe de Asturias de Cooperación Internacional por *la causa de la defensa y la dignificación de la mujer*. Seis mujeres de cuatro continentes: la argelina Fatiha Budiaf, la nigeriana Olayinka Koso-Thomas, la mozambiqueña Graça Machel, la afgana Fatana Ishaq Gailani, la camboyana Somaly Mam y la italiana Emma Bonino compartieron con Rigoberta el galardón.

La Comisión de Esclarecimiento Histórico daba en febrero de 1999 un paso más. Rigoberta asistió a la lectura pública del informe de la Comisión, representada por su coordinador Christian Tomuschat, en el que se culpaba a los militares, a los escuadrones de la muerte o a los campesinos alistados en las PAC de un 93 % de los crímenes. El subsecretario de Naciones Unidas, Álvaro de Soto, supervisaba la reunión celebrada en el teatro Miguel Ángel Asturias, a la que acudieron dirigentes guerrilleros y el presidente del Gobierno, Álvaro Arzú. Parte del pueblo de Guatemala, en representación de los desaparecidos, reclamó públicamente justicia, mientras el ausente obispo Gerardi se llevaba la ovación de la noche. La memoria silenciada empieza a recobrar su lugar en la Historia.

Poco tiempo después, ese mismo año, se celebró una consulta popular sobre la reforma legal que incluía hasta 50 enmiendas constitucionales, cuya finalidad era acabar con el poder del Ejército, abrir nuevas vías legales para terminar con la impunidad y reconocer los derechos de los indígenas, mayoría de la población del país. La votación estuvo presidida por la elevada abstención, que alcanzó el 80 % de la población. Hay que recordar que los propios indígenas son en su mayor parte analfabetos y viven en zonas de difícil acceso, lo cual complica en gran medida la participación. Por otra parte, Rigoberta no pudo emitir su voto, ya que se encontraba de viaje por Europa.

El resultado supuso un duro varapalo para la regeneración democrática que tanto ansiaba nuestra protagonista. Los sectores que más se movilizaron fueron los que hubieran visto recortados sus privilegios, con lo que las enmiendas fueron finalmente rechazadas.

Actividades en los últimos años

Rigoberta ha participado en innumerables actos institucionales desde que recibió su galardón y disfrutó de renombre internacional. A la mayoría de ellos ha asistido en el marco de las actividades promovidas por la Fundación Rigoberta Menchú Tum.

Algunas de las protestas que ha protagonizado están relacionadas con las políticas de inmigración, como las desarrolladas en países como España, adonde ha acudido en multitud de ocasiones. Un buen ejemplo de esto han sido las participaciones en manifestaciones junto a ONGs que claman por la libre circulación de personas, un problema que ella conoce bien, y que la lleva a declarar: *Las legislaciones deben defender los derechos de las gentes a través de cualquier frontera.* [...] *Las sociedades capitalistas, cerradas sobre sí mismas, sólo oyen el clamor de los desheredados cuando gritan juntos.*

Otras de las actividades que han ocupado su tiempo en los últimos años han sido las relacionadas con la Unesco. Su director, Federico Mayor Zaragoza, gran amigo suyo, y Samuel Ruiz, el obispo de San Cristóbal de las Casas que tanto la ayudó, han participado en innumerables foros para promover la intermediación en los conflictos de América Latina, siempre abogando por la participación de las víctimas en los procesos de paz, pues *una de las cosas más duras de nuestro proceso de pacificación es que dependía sólo de la voluntad de los protagonistas de la guerra,* en palabras de Rigoberta.

También en relación con la Unesco, ha participado en encuentros en los que se ha declarado partidaria del diálogo para poner fin a la violencia en conflictos como el vasco. En ellos suele poner de ejemplo las experiencias de El Salvador, Colombia, Sudáfrica y Guatemala para iniciar una resolución pacífica también en Euskadi. Acerca de este tema, ha publicado en estos años algunos textos, como el que tiene por título *Llamamiento por la paz,* suscrito también por otras

Rigoberta Menchú durante la presentación de su libro autobiográfico en Madrid.

personalidades galardonadas como Adolfo Pérez Esquivel, de Argentina, y Mairead Corrigan, de Irlanda del Norte, sobre el proceso de paz en Euskadi.

En este mismo marco, ha tratado de hacer valer su recientemente adquirida condición de autoridad moral, junto a Mandela o Mayor Zaragoza, para poner fin al conflicto en Kosovo. Han sido intensos sus intentos de intermediación con Slobodan Milosevic para acabar con el conflicto étnico en los Balcanes.

Por otra parte, la lucha por los Derechos Humanos en Guatemala no ha tenido fin. Diversas asociaciones han servido de foro para que la Premio Nobel haya podido extender la cultura del respeto por multitud de países.

En relación con los idiomas, a finales de la década de 1990, la comisión de seguimiento de la Declaración Universal de los Derechos Lingüísticos, en la que participó Rigoberta, publicó un texto con el que espera convencer en los próximos meses a las delegaciones nacionales de la Unesco para que sea incluido por la ONU como un anexo de la Declaración de los Derechos Humanos.

En cuanto a la existencia de un mundo cada vez más militarizado, Rigoberta ha estado apoyando la creación de un Código Internacional de Conducta sobre Transferencia de Armas, que prohibiría vender armamento oficialmente a los países que no respeten los Derechos Humanos ni los embargos internacionales y no participen en el Registro de Naciones Unidas sobre Armas Convencionales. La Premio Nobel defiende, siempre que tiene ocasión, que existe una relación directa entre gasto militar y pobreza.

Por otra parte, cuando se han producido catástrofes naturales, Rigoberta no se ha quedado al margen de colaborar en la reconstrucción de los países afectados. Con ocasión de los devastadores efectos del huracán *Mitch* en los países centroamericanos, Rigoberta movilizó todos sus recursos diplomáticos para conseguir ayudas. De todas formas, ya sabemos que nuestra protagonista suele ir más allá, y no deja de ver estas tragedias como una oportunidad para afrontar las causas últimas que obligan a la población sin tierra, trabajo ni recursos a hacinarse en peligrosos barrancos de miseria y muerte. Es evidente que la deforestación sistemática favorece la formación de torrentes que arrasan los endebles poblados de la población más empobrecida, por lo que cabe plantearse una forma de desarrollo que no precise de estas agresiones brutales al medio ambiente. De ese modo, no queda duda de que la cuestión humanitaria y la solicitud de ayuda exterior para las víctimas de la catástrofe se convierte, de repente, en una cuestión política que Rigoberta nunca deja de lado.

Foros antiglobalización, la cuestión del pueblo saharaui, la igualdad de la mujer... son decenas las causas que han despertado la preocupación de Rigoberta, una luchadora incansable. Y es que, en definitiva, parece que a Rigoberta, a pesar de toda esta fructífera y puede que terapéutica hiperactividad institucional, no le han desaparecido las profundas huellas de un pasado tan terrible. Como ha tenido ocasión de dejar claro en alguna oportunidad:

> *Estoy segura de que los años no borran las cicatrices de una violación. Las víctimas mantienen abiertas sus heridas. Las mías están abiertas. El daño causado a las víctimas es impagable. Muchos gobiernos o expertos piensan que las víctimas deben perdonar por decreto. Yo, como parte de las víctimas, digo que no. En última instancia, la decisión de perdonar, cómo perdonar y cuándo perdonar la tienen las víctimas. Y las víctimas luchamos porque la crueldad que nosotros vivimos nunca vuelva a ocurrir.*

De este modo, esta biografía sólo puede acabar como empezó, recogiendo la denodada lucha emprendida por unos pocos para acabar con la impunidad y hacer justicia. Muy especialmente cuando el terrorismo de Estado empieza a quedarse sin máscaras.

Aunque no haya muchos presos políticos en Guatemala, pues llegar vivo delante de los jueces es un privilegio reservado para muy pocos, ha habido voces, además de la de Rigoberta, que se atrevieron a denunciar parte de lo sucedido. A finales de 1980, Elías Barahona, el portavoz del Ministerio del Interior, huyó de Guatemala y reveló en la vecina Panamá numerosos detalles sobre el funcionamiento del matadero en que se estaba convirtiendo el país. Relató cómo el general Lucas García supervisaba personalmente los escuadrones de la muerte y de qué forma el director de la Policía Nacional, el coronel Germán Chupina, conservaba una lista negra de sindicalistas y políticos a los que había que asesinar. La central de ejecuciones operaba en el edificio contiguo al Palacio Nacional. Este ex miembro del Gobierno dio a conocer también las direcciones de varias salas de tortura preparadas para interrogar, y no amistosamente, a los desaparecidos. Además, aportó muchos datos sobre las frecuentes aniquilaciones que sufrían las zonas rurales. Desde entonces hasta hoy, han sido innumerables los testimonios de personas que han salido del país para contar los detalles de esta historia espeluznante.

Las críticas a Rigoberta

Hasta aquí todo muy bien, pero ¿qué ocurrió cuando apareció el debate acerca de todos estos importantes aspectos de su vida? ¿Qué pensó Rigoberta al conocer que se ponía en tela de juicio su testimonio? Es más, ¿cómo reaccionó el comité del Premio Nobel al conocer las denuncias expuestas sobre la veracidad de su palabra? Recordemos que el primer libro de Rigoberta fue capital en la decisión de la concesión del galardón.

Un buen conjunto de omisiones, errores, exageraciones e, incluso, mentiras, se desvelan en el libro de Stoll, publicado en 1998. Algunas de ellas ya han sido comentadas a lo largo de estas páginas. Su conclusión es clara: *Rigoberta utilizó experiencias de otros en función de las necesidades de la organización revolucionaria de la que era miembro; ella intentó ser todo para todos.*

Ante estas declaraciones, la Premio Nobel rechazó entrar en la polémica. Sus manifestaciones se limitaron a incidir en la historia de su pueblo: *Estoy orgullosa de mi libro, que forma parte de la memoria histórica de Guatemala. [...] Se han escrito unos 15.000 libros sobre mí en todo el mundo y yo no me dedico a comprobar lo que dicen. No es mi trabajo.*

Por otra parte, el secretario del Comité Nobel de Noruega, Geir Lundestad, dejó claro que no se ha contemplado retirar el reconocimiento a la premiada. En las entrevistas sobre el particular ha señalado lo siguiente: *Ya se sabe que todas las autobiografías están más o menos maquilladas [...] y no se le concedió el Nobel sólo por su libro.*

Tiempo después, Rigoberta tuvo que completar su opinión, forzada por el escándalo creciente. Según ella, el libro es un testimonio, no una autobiografía, sobre las atrocidades cometidas en Guatemala por el Ejército y los escuadrones de la muerte contra la población civil sospechosa de colaborar con la guerrilla. En sus múltiples comparecencias ante la prensa, Menchú evita entrar en detalles y reclama su derecho a disponer de una memoria histórica propia como *mujer y como guatemalteca*. No tarda en señalar: *Todavía no he escrito mi biografía.*

La polémica está servida. En nuestra opinión, después de contrastar las fuentes disponibles, nos parece razonable indicar que los episodios cuestionados, pese a tener su importancia literaria, sobre todo en lo que a tensión dramática se refiere, no ocupan un lugar preeminente en la historia central que se pretende contar; y ésta no es otra que la opresión del pueblo de Guatemala.

No cabe duda de que es loable la labor de autores como David Stoll, que hacen un buen trabajo de investigación en pos de la verdad, pero las conclusiones a las que se debe llegar después tienen que ser, sin ninguna duda, no menos de dos: hay episodios de la vida de Rigoberta que no responden a la realidad, pero en ningún caso pueden restar credibilidad a la historia de la violación de los Derechos Humanos en Guatemala.

Regresamos a la vieja cuestión del árbol y el bosque. Si su hermano pequeño no murió de inanición delante de ella, sí es cierto que fallecieron miles de niños a su alrededor y, más concretamente, dos hermanos antes de que ella naciera. Si su hermano Patrocinio no fue quemado vivo, sí es verídico que fue torturado, asesinado y arrojado a una fosa común de ubicación desconocida, como otros tantos centenares de compatriotas.

Hay que recordar que Rigoberta pertenece a un mundo muy alejado del empirismo profesado en Occidente. El análisis del contexto puede ser muy útil en esta ocasión: nuestra protagonista forma parte de una cultura en la que las creencias se transmiten de forma oral, en la que la historia de las personas adquiere carácter colectivo. Esto es algo en lo que hemos querido insistir a lo largo de la biografía: la memoria común pertenece a la comunidad. Puestos en tales antecedentes, para Rigoberta estas cosas le han sucedido realmente aunque no le hayan ocurrido exactamente a ella.

En todo caso, se demuestra la falsedad de cuestiones menores que no alteran el argumento principal del libro y de la vida de Rigoberta. De este modo, hacer un análisis como el que hemos encontrado en estos autores, más allá de su valor periodístico o sensacionalista y generador de polémica, supone no tener en cuenta que la verdad sustancial de la historia es otra; como tampoco el hecho de que cada persona, incluidos todos y cada uno de nosotros, modela su memoria en base a mitos propios, esto es, conforma una realidad individual reescribiendo la existencia propia.

En definitiva, concluir que Rigoberta Menchú engaña viene a ser una mentira mayor que los errores que la propia biografía contiene.

Poner de relieve cualquier otra posibilidad haría un flaco favor al proceso de reconstrucción nacional emprendido, en muy buena parte, por la protagonista de esta biografía y avalado por la gran cantidad de datos presentes en una amplia documentación en los organismos nacionales e internacionales de Derechos Humanos.

Dicho lo cual, habría dos aspectos a tener en cuenta. Uno es que quizá sí podrían encontrarse aspectos criticables en la presentación que Rigoberta hace del papel de la guerrilla en Guatemala. Los líderes insurgentes dieron el visto bueno al manuscrito de Rigoberta y Elizabeth Burgos, que en ese momento hacía un trabajo más de denuncia que de antropología, pues no se encargó de contrastar la información de más de 19 horas de entrevistas. Su finalidad era terminar con una dictadura y el texto, más allá de las inexactitudes personales de Rigoberta, podía servir: *El libro de Rigoberta y mío ha servido de mucho para que la gente sepa lo que sucedía en Guatemala. Hasta entonces en Europa sólo había curiosidad por Argentina y Chile, por una izquierda blanca que hablaba en francés.*

No obstante, no tardaron en llegarle cartas que cuestionaban el relato. Hoy, más de 20 años después, Elizabeth es consciente de que participó en una campaña de idealización de la guerrilla, cuya acción, como en todo conflicto armado, fue demagógica y, en más de una ocasión, partidaria de una revolución violenta y sanguinaria. Desde luego, no todo fueron acciones como la relatada intervención en el Congreso con flores blancas frente a fusiles. La Comisión de Esclarecimiento Histórico demostró que el Ejército fue responsable de la gran mayoría de los crímenes cometidos en todos esos años de guerra civil, pero hay un 7 % restante en la relación de atrocidades que es responsabilidad de la guerrilla.

Cuando comenzó a darse cuenta de todo esto, a finales de la década de los 80, y a expresar su rechazo hacia algunas partes del libro, Rigoberta la desautorizó. Empezaba a promoverse su candidatura para el Nobel y Elizabeth pareció entenderlo en parte: *No hay que olvidar que cuando se lucha dentro de un movimiento de resistencia se recurre a métodos que en otro contexto no son aceptables.*

Igualmente, David Stoll, un experto en temas de violencia, menciona este asunto en su libro: la guerrilla se sirvió del clima de terror para sus intereses particulares. Sin negar el terrible y condenable papel del Ejército, en la lucha armada de los indígenas también se han violado los Derechos Humanos, hasta el punto de que la guerrilla ha matado a compañeros indígenas para radicalizar el enfrentamiento y movilizar a la población. Lo cierto es que Rigoberta no denuncia que el movimiento revolucionario haya cometido el menor error o crimen. Toda esta polémica aleja las posibilidades de los grupos guerrilleros de reconvertirse en un movimiento político con opciones reales de alcanzar el poder en el país.

El otro aspecto a tener en cuenta en relación con este debate es que, aunque está fuera de nuestros objetivos hacer un estudio detallado sobre el turbio pasado de un buen grupo de célebres personalidades como Lech Walesa, Henry Kissinger o el recientemente fallecido Yaser Arafat, cabría considerar que se trata de premios de la Paz por muchas más razones susceptibles de ser puestos en tela de juicio que Rigoberta Menchú. Sin embargo, es posible que la posición de poder y la influencia internacional de estos personajes, una condición ausente en el caso de nuestra protagonista, que no es, al fin y al cabo, más que, como decíamos al principio, una india de Guatemala, haya hecho desistir a cualquiera de esta idea. Quizá insistir en este debate sería mucho más interesante y productivo que continuar con el que hemos resumido en este capítulo.

Solicitud de justicia en España

A finales de 1999, la valiente guatemalteca se presentó en su triple condición de víctima, Premio Nobel de la Paz y, sobre todo, mujer indígena, en la Audiencia Nacional de Madrid para denunciar a ocho personas, entre las que se encontraba el golpista José Efraín Ríos Montt, por delitos de genocidio, terrorismo y torturas cometidos durante las sucesivas dictaduras en Guatemala. Menchú aseguró que hasta el momento no había hallado otra cosa que dificultades legales y que por esa razón acudía a los tribunales españoles, porque, según ella, *en algún rincón del mundo tiene que haber justicia*. El rincón del mundo al que estaba acudiendo no era otro que el juzgado cuyo titular es Baltasar Garzón.

Para ello se sirvió de los archivos de la Comisión para el Esclarecimiento Histórico, que valoró las víctimas cobradas por 36 años de regímenes militares en Guatemala en dos centenares de miles, el 93 % de las cuales es atribuible a violaciones de Derechos Humanos cometidas por el Ejército y los paramilitares. La acusación de genocidio está avalada por las cifras: el 87 % de las víctimas fueron mayas; las de terrorismo y tortura, sumamente generales, aparecen explicitadas en la denuncia de tres casos paradigmáticos, que reúnen todas las características necesarias para iniciar el proceso. El asalto y la matanza en la embajada de España, la persecución que sufrió la familia Menchú Tum y la muerte de los sacerdotes españoles Faustino Villanueva, José María Cirera, Juan Alonzo Fernández y Carlos Pérez Alonzo sirvieron de ejemplo y muestra de muchas otras barbaridades cometidas durante las sucesivas dictaduras guatemaltecas.

De este modo, la larga lista de imputados incluiría al general Fernando Romeo Lucas García, presidente de Guatemala de 1978 a 1982, y a los ex jefes de Gobierno o golpistas, como se prefiera, generales José Efraín Ríos Montt y Óscar Humberto Mejía Víctores. En segundo lugar, también se acusa al ex ministro de Defensa general Ángel Aníbal Guevara Rodríguez, al ex ministro de Gobernación Donaldo Álvarez Ruiz, al ex jefe del Estado Mayor del Ejército Benedicto Lucas García y a los ex jefes policiales Germán Chupina Barahona y Pedro García Arredondo.

Efectivamente, las máscaras daban paso a personas con nombres y apellidos, aunque de todos ellos, el principal inculpado, Ríos Montt, cuyo partido ganó las elecciones a finales de 1999, goza de inmunidad, ya que en ese momento era el presidente del Congreso de Diputados de Guatemala.

A Rigoberta se sumaron otros 15 acusadores como Comisiones Obreras o la Asociación contra la Tortura, familiares de los sacerdotes españoles asesinados y otros grupos de Derechos Humanos. A su vez, un abogado defensor de oficiales y jefes militares implicados en abusos de los Derechos Humanos, Julio Cindrón Gálvez, presentó una denuncia contra la Premio Nobel de la Paz en Guatemala. Fue acusada de tres delitos: traición a la patria, omisión de denuncia y violación de la Constitución. Parece que en su país no todos quieren que otro sistema judicial se haga cargo de estas cosas.

Así, España se vio llamada a ejercer el papel de tribunal internacional. Organizaciones como Amnistía Internacional y expertos en legalidad internacional señalan que los crímenes de lesa humanidad cometidos en Guatemala no pueden quedar impunes. De modo que todos los Estados estarían en la obligación de participar en la identificación, detención, extradición y castigo de los responsables de tales delitos. No obstante, lamentablemente, los juristas de Derecho Internacional no tienen tan claro a quiénes corresponden las competencias para juzgar estos crímenes. En el momento de la presentación de la denuncia, el magistrado se encontraba tramitando otros procesos por genocidio, terrorismo y torturas contra el dictador chileno Augusto Pinochet y contra los jefes de las juntas militares argentinas. Por estos y otros motivos, el proceso se iba a alargar mucho más de lo que a Rigoberta le gustaría.

A esto se suma que no todo han sido apoyos para la iniciativa. La URNG, actual representante legal de la guerrilla, que ocupa cerca de un 10 % de los 116 escaños del Parlamento, opina que en un momento de regeneración nacional no es del todo deseable andar exaltando los ánimos y creando confrontación. No olvidemos que la Comisión de Esclarecimiento les atribuye una parte de los crímenes.

Otra dificultad procede de la Ley de Amnistía de 1996. El Congreso promulgó la Ley de Reconciliación Nacional, que dispuso la extinción de la responsabilidad penal por delitos de motivación política. Asimismo, facilitó la inmunidad procesal a los miembros de las Fuerzas Armadas y a las personas bajo su mando por los crímenes cometidos durante la guerra civil. La ley choca de frente con los compromisos de actuar con firmeza contra la impunidad firmados en el Acuerdo Global sobre Derechos Humanos. Y es que la exención de responsabilidad penal no se debe aplicar en casos de tortura y genocidio, conceptos alegados por Rigoberta Menchú en la denuncia presentada en España.

Por último, no hay que ocultar que, como ha ocurrido con Chile a partir del caso Pinochet, el ejercicio de la Justicia Universal puede tener un coste elevado en términos diplomáticos para el Gobierno que facilita el proceso. Es frecuente que los dirigentes de los países afectados tiendan a resistirse a que tribunales de otros países asuman responsabilidades que ellos no son capaces de asumir.

Finalmente, en diciembre de 2000, el pleno de la Sala de lo Penal de la Audiencia Nacional decidió que la jurisdicción española no era, por el momento, competente para juzgar los delitos de genocidio, terrorismo y torturas cometidos entre los años 1962 y 1996. Según el auto, la persecución de estos delitos corresponde en primer lugar a la justicia de Guatemala, por lo que únicamente en el caso de que los jueces de este país rechazasen los procesos contra los presuntos autores, estaría la justicia española en condiciones de recoger el trabajo. Así, el tribunal ordenó al juez Guillermo Ruiz Polanco archivar el caso.

La respuesta de Rigoberta desde México, su nuevo lugar de residencia al volver a convertirse Guatemala en un lugar tremendamente inseguro, no pudo ser más clara: *Si no hay justicia en España, la habrá en otro lado*. Cuando se le pregunta sobre la posibilidad de continuar el proceso en Guatemala, Rigoberta casi ríe: *Hoy por hoy no va a haber justicia en Guatemala, no puede haberla, se vive en un Estado de terror, donde incluso los jueces están amenazados.*

En la actualidad se considera que, aunque los crímenes de lesa humanidad deben juzgarse en el mismo territorio donde se cometieron, ha sido evidente que, a lo largo de la historia, los tiranos se han cubierto de un paraguas de inmunidades, amnistías y toda clase de garantías, por lo que dar protagonismo a un Tribunal Penal Internacional (TPI) se hace, ahora más que nunca, necesario. La puesta en marcha de este organismo se decidió en Roma en 1998, pero no todos los países han aceptado su validez. Sin ir más lejos, Estados Unidos ha despreciado formar parte de él.

España, en cambio, ha admitido la validez del TPI, pero sólo asume en parte el principio de Jurisdicción Universal dando un pequeño paso con el reconocimiento de su derecho a juzgar los delitos cometidos en Guatemala. Por una estrecha mayoría de ocho votos frente a siete, el Tribunal Supremo se declaró competente para juzgar únicamente los casos que afectan a víctimas españolas; el resto deberá ser tramitado en el recién nacido TPI. Actualmente ya se ha ordenado la detención internacional de cargos del Gobierno implicados en el asalto a la embajada de España, como el del ministro de la Gobernación Donaldo Álvarez Ruiz, cuyo paradero se cree que puede ser México, y el de otros que ocupaban puestos de responsabilidad durante los asesinatos de cuatro sacerdotes españoles. De este modo, el plato fuerte del asunto, la jurisdicción española sobre el genocidio en Guatemala, queda sumido en un dudoso limbo legal porque no se consigue demostrar la necesaria conexión entre el genocidio y los intereses españoles.

En otros países, sin embargo, las posturas han sido diferentes durante los últimos años. La sentencia belga sobre el *caso Sharon y otros,* ratifica el ejercicio de la jurisdicción universal sobre delitos de genocidio, *cualquiera que sea el lugar donde se hubieran cometido*. De hecho, su seguimiento no exige la presencia del inculpado en territorio belga. La sentencia del Tribunal Supremo francés en el *caso Klaus Barbie* estableció que los crímenes contra la Humanidad nunca prescriben y pueden ser juzgados en el país vecino, cualquiera que haya sido la fecha o el lugar de comisión. Por otra parte, la Cámara de los Lores en el *caso Pinochet,* recuerda que, según el Derecho

Internacional, los crímenes de *ius cogens* (derecho obligado), entre ellos el genocidio, pueden ser perseguidos por cualquier Estado, ya que los criminales son enemigos de toda la Humanidad y, por tanto, todas las naciones comparten el mismo interés en su esclarecimiento. Cierto es que apelar a la jurisdicción universal no devuelve la vida a las víctimas ni puede conseguir que todos los responsables sean juzgados, pero puede, en cambio, ayudar a prevenir algunos crímenes y a juzgar a algunos de sus responsables, con lo que contribuye a un mundo más justo y seguro.

Entretanto, Rigoberta Menchú y su Fundación han seguido trabajando a lo largo de todos los países del mundo. Para su pesar, han tenido que ver cómo el ex golpista Ríos Montt conseguía que la justicia de Guatemala reconociera su derecho a presentarse como candidato por el Frente Republicano Guatemalteco (FRG) a las próximas elecciones. En su país, este dictador, que aplicaba una política de fusiles y frijoles (los primeros para la represión, los segundos para los colaboradores antiinsurgentes), y que sigue predicando los preceptos de una secta fundamentalista, todavía es idolatrado por algunos sectores conservadores de Guatemala, que le llaman cariñosamente *mi general*. Pese a no tener inmunidad oficial, el peso del partido-iglesia que representa en la cámara, la segunda fuerza política, hace que sea obligatorio pactar con el ex dictador cualquier reforma legal seria. Parece que por unos años su tranquilidad está asegurada.

Efectivamente, como comentábamos al principio de estas páginas, el camino a seguir para acabar con la impunidad se convierte, en ocasiones, en un sendero extremadamente sinuoso.

Recientemente la Audiencia Nacional ha condenado a 640 años de prisión al represor argentino Adolfo Scilingo, el personaje con el que iniciábamos estas páginas.

Es la primera vez que la justicia española procesa y condena a un imputado por crímenes contra la Humanidad. Rigoberta, desde algún lugar del mundo, habrá acogido con satisfacción esta noticia. Posiblemente se preguntará cuándo llegará este momento a Guatemala.

EPÍLOGO

La tierra de Rigoberta, a pesar de los cambios democráticos que hemos ido viendo, todavía sufre un verdadero drama. Los indígenas representan cerca del 50 % de los ciudadanos del país y apenas reciben atención por parte del Gobierno; su presencia democrática es pobre, ya que los candidatos no llegan al 10 % del total. El porcentaje de participación en las últimas elecciones de 2003 estaba en torno al 40 %. No sólo la justicia no funciona, sino que las sucesivas administraciones corruptas han arruinado al país. Actualmente, la inseguridad, el narcotráfico y la pobreza se ceban con las tres cuartas partes de la sociedad.

A nivel internacional, los países occidentales se han tomado su tiempo para condenar los desafueros de los regímenes militares latinoamericanos. Cerca de tres décadas han transcurrido desde aquellos desastrosos años de la década de los 70 hasta el alumbramiento del TPI, para cuya gestación no ha contribuido precisamente Estados Unidos, el país que se ha erigido en líder planetario de la lucha contra el terrorismo internacional. Esta campaña global, llena de sangrantes atajos, no está carente de imágenes para la triste historia de las violaciones de los Derechos Humanos, de los que son paradigma Guantánamo y Abu Ghraib.

Frente a estos datos, encontramos que, dando un paso atrás, es posible comprobar que no hace muchos años en todos los países de Centroamérica, excepto en Costa Rica, había dictaduras militares y hoy ya no queda ninguna. Las incipientes democracias van estableciéndose lentamente. Por otra parte, en España, el proceso legal sobre el genocidio en Guatemala ya ha alcanzado la instancia superior, el Tribunal Constitucional. Con el cambio de Gobierno del año 2004 la cuestión ha tomado un rumbo diferente. Uno de los siete representantes del Tribunal Supremo cuyo voto fue discordante con la decisión de denegar la investigación, Cándido Conde-Pumpido, es ahora el fiscal general del Estado. Desde el ministerio público se está apoyando que España ejerza una jurisdicción universal sin restricciones sobre los delitos de genocidio. Veremos cómo continúa el caso.

Quisiéramos poner fin a esta biografía con una frase de Dante Liano: *Hay quienes padecen el destino de la desaparición dos veces. La primera, cuando desaparecen físicamente. La segunda, cuando son borrados de la memoria colectiva.* Ojalá que esta mirada de recuerdo al pequeño gran mundo de los mayas y sobre la extraordinaria figura que hemos descubierto a lo largo de estas páginas pueda servir para evitar, en la medida de lo posible. No, al menos, en nuestra memoria.

CRONOLOGÍA

1523 — El reino maya de Uspantán es conquistado por los españoles. Pedro de Alvarado convierte a Guatemala en una colonia española.
1821 — Guatemala adquiere su independencia de España; se une al Imperio de México.
1823 — Guatemala se independiza totalmente.
1920 — Nace Vicente Menchú, padre de Rigoberta, en un pueblo del Quiché.
1945-50 — Vicente Menchú se casa con Juana Tum y comienzan a trabajar las tierras de Chimel.
— A nivel político se inician una serie de reformas de carácter social-demócrata.
1954 — El coronel Castillo Armas derriba al Gobierno reformista de Jacobo Arbenz con la colaboración de la CIA.
— Las tierras expropiadas a la United Fruit Company son de nuevo cedidas a la multinacional. Comienza la persecución a los campesinos.
1959 — Nace Rigoberta Menchú en Chimel, departamento del Quiché.
1963 — El coronel Enrique Peralta asume el mando tras el asesinato de Castillo.
1970 — Carlos Arena, con el respaldo de los militares, asume la presidencia. Se inicia un programa para erradicar a los activistas de izquierda.
1972 — Comienza a organizarse el futuro Ejército Guerrillero de los Pobres en la selva de Ixcán.
1976 — Terremoto en Guatemala.
1978 — El general Lucas García se convierte en presidente de la República de Guatemala hasta 1982.
— Primeras actividades del CUC. Rigoberta ingresa en la organización.

1980	— El 31 de enero, un grupo de sindicalistas y campesinos asalta la embajada de España para denunciar la opresión. El Gobierno ordena acabar con el asalto mediante métodos represivos. Mueren 37 personas, entre ellos, Vicente Menchú.
1981	— Rigoberta pasa a formar parte de la representación internacional del CUC.
1982	— El general Ríos Montt derriba al general Lucas García gracias a un golpe de Estado. — Se legalizan las PAC en el Plan Nacional de Seguridad y Desarrollo: miles de campesinos son reclutados por propia iniciativa o a punta de pistola. — Rigoberta cuenta su historia a la antropóloga Elizabeth Burgos y empieza a participar, como primera indígena guatemalteca, en el grupo de trabajo sobre poblaciones indígenas de la ONU. — Las organizaciones guerrilleras forman la URNG.
1983	— El general Humberto Mejía se convierte en jefe del Gobierno a través de otro golpe de Estado: cae Ríos Montt. — Publicación del primer libro de Rigoberta.
1985	— Marco Vinicio Cerezo es elegido presidente bajo la nueva Constitución.
1985-90	— Contactos informales entre el Gobierno de Guatemala y la URNG.
1986	— Rigoberta se introduce en la comisión nacional de coordinación del CUC.
1987	— Acuerdo del proceso de paz para Centroamérica o Esquipulas II: los presidentes centroamericanos se comprometen a obtener la paz en la región mediante medidas de diálogo con los grupos de la oposición armada. — Creación de la Comisión Nacional de Reconciliación: a instancias del presidente Quesada Toruño se inician las jornadas de diálogo nacional, bajo la observación de la ONU (Francesc Vendrell).
1990	— Acuerdo de Oslo: miembros de la Comisión Nacional de Reconciliación y de la URNG se comprometen a alcanzar un acuerdo de paz.
1991	— Jorge Serrano Elías es elegido presidente. — Acuerdo de México (Acuerdo del procedimiento para la búsqueda de la paz por medios políticos); Acuerdos de

Querétaro sobre democratización: se sientan las bases de una nueva sociedad basada en el Gobierno civil y el respeto a la Constitución y los Derechos Humanos.
— Primera reunión oficial entre el Gobierno y la URNG.

1992 — Se concede el Premio Nobel de la Paz a Rigoberta Menchú.

1993 — Serrano es forzado a renunciar. Ramiro de León Carpio nuevo mandatario.

1994 — Acuerdo Marco, bajo supervisión de la ONU (Jean Arnault); Acuerdo global sobre Derechos Humanos: el Gobierno se compromete a garantizar los Derechos Humanos y a actuar contra la impunidad; Acuerdo para el reasentamiento de las poblaciones desarraigadas por el enfrentamiento armado.
— Comisión de Esclarecimiento Histórico (Acuerdo sobre el establecimiento de la comisión para el esclarecimiento de las violaciones a los Derechos Humanos y los hechos de violencia que han causado sufrimiento a la población guatemalteca).

1995 — Acuerdo sobre identidad y derechos de los pueblos indígenas: se acaba con las disposiciones legales discriminatorias, la discriminación étnica es considerada delito y se oficializan los idiomas indígenas.
— La ONU critica a Guatemala por los abusos sobre los Derechos Humanos.

1996 — Álvaro Arzú gana la presidencia.
— Acuerdo sobre aspectos socioeconómicos y situación agraria; Acuerdo sobre fortalecimiento del poder civil y función del Ejército en una sociedad democrática; Acuerdo sobre el definitivo alto el fuego; Acuerdo sobre reformas constitucionales y régimen electoral; Acuerdo sobre bases para la reincorporación de la URNG a la legalidad; Acuerdo sobre el cronograma para la implementación, cumplimiento y verificación de los acuerdos de paz.
— Controvertida Ley de Reconciliación Nacional: otorga inmunidad a los miembros de las Fuerzas Armadas o personas a su cargo que cometieran delitos durante el conflicto siempre que se produjeran con la finalidad de

luchar contra delitos comunes cometidos por miembros de la oposición armados.
— Acuerdo de paz firme y duradera: fin oficial del conflicto armado.

1997 — Comienza la labor de la Comisión de Esclarecimiento Histórico, que investigará los sucesos acontecidos entre 1962 y 1996.

1998 — Se presenta el informe *Guatemala: Nunca más,* realizado por el Arzobispado de Guatemala.
— Publicación de la segunda autobiografía de Rigoberta.
— Recibe el Premio Príncipe de Asturias de Cooperación Internacional.

1999 — Aparece la *Memoria del silencio,* elaborada por la Comisión de Esclarecimiento Histórico. Asegura que el 93 % de los crímenes fueron cometidos por el Ejército y grupos paramilitares a las órdenes del Gobierno.
— Elecciones presidenciales: sale elegido Alfonso Portillo, del FRG, partido fundado por el general Ríos Montt.
— Comienza la campaña de desprestigio contra Rigoberta Menchú: es acusada de mentir en su biografía.
— Rigoberta, alentada por el caso Pinochet, denuncia en España los crímenes cometidos en los últimos años en Guatemala. Uno de los acusados es el general Ríos Montt.

2000 — El juez Guillermo Ruiz Polanco acepta la querella presentada por Rigoberta. Es el tercer macroproceso abierto sobre genocidio en países americanos en España. Meses después, la Audiencia Nacional rechaza tener las competencias suficientes para llevar adelante el caso.
— Alfonso Portillo gana las elecciones al frente del FRG.

2001 — Un grupo de campesinos toma pacíficamente de nuevo, 21 años después, la embajada de España para protestar contra la marginación.

2003 — El Tribunal Supremo español rechaza el recurso interpuesto por Rigoberta para que la ley española juzgue los delitos de genocidio, torturas y terrorismo en Guatemala. Sin embargo, se declara competente para juzgar el asalto a la embajada de España y los asesinatos de ciudadanos españoles.

	— El ex dictador Ríos Montt consigue que la ley de su país le permita presentarse como candidato a las próximas elecciones en Guatemala.
2004	— El conservador Óscar Berger, de la Gran Alianza Nacional, gana las elecciones.
	— Guatemala se convierte en la principal escala del tráfico de droga hacia Estados Unidos. El 80 % de su población vive bajo el umbral de la pobreza.
	— España ordena la detención internacional de Donaldo Álvarez Ruiz, ministro de la Gobernación durante el asalto a la Embajada y el asesinato de cuatro sacerdotes españoles.
2005	— Guatemala anula el juicio contra los militares implicados en la matanza de Petén en 1982, donde hubo 300 víctimas.

BIBLIOGRAFÍA

Anónimo: *Popol Vuh, las antiguas historias del Quiché.* Fondo de Cultura Económica, 1947.
Asturias, M. A.: *Hombres de maíz,* Alianza Editorial, 1996.
Menchú, R.: *Me llamo Rigoberta Menchú y así nació mi conciencia,* Seix Barral, 1992.
Menchú, R.: *Rigoberta, la nieta de los mayas,* Grupo Santillana de Ediciones, S.A., Ediciones El País, S.A., 1998.
Stoll, D.: *Rigoberta Menchú y la historia de todos los guatemaltecos pobres,* Westview Press, 1999.
Taracena, A.: *Invención criolla, sueño ladino, pesadilla indígena. Los Altos de Guatemala: de región a Estado, 1740-1850,* Editorial Porvenir & Antigua, 1997.

http://nobelprize.org/peace/laureates/1992/tum-bio.html
Página oficial de la Fundación Nobel.

www.frmt.org
Página oficial de la Fundación Rigoberta Menchú Tum.

www.nodulo.org/bib/stoll/rmg.htm
Rigoberta Menchú y la historia de todos los guatemaltecos pobres. Edición en español publicada en 2002 en formato digital de libre consulta en Internet.